ernst reinhardt

Inklusiver Unterricht kompakt

Petra Breuer-Küppers · Rüdiger Bach

# Schüler mit Lernbeeinträchtigungen im inklusiven Unterricht

## Praxistipps für Lehrkräfte

Mit 27 Abbildungen und 3 Tabellen

Ernst Reinhardt Verlag München Basel

*Petra Breuer-Küppers* M.A. und *Rüdiger Bach* haben beide langjährige Berufserfahrung als Sonderschullehrer mit dem Förderschwerpunkt Lernen und sind an inklusiven Schulen tätig. Sie waren als abgeordnete Lehrkräfte im Department Heilpädagogik an der Universität zu Köln tätig, wo sie weiterhin Lehrbeauftragte im Förderschwerpunkt Lernen sind.

Im Ernst Reinhardt Verlag ebenfalls erschienen:

Tilly Truckenbrodt / Annette Leonhardt:
Schüler mit Hörschädigung im inklusiven Unterricht. Praxistipps für Lehrkräfte
(2., durchgesehene Aufl. 2016; ISBN: 978-3-497-02613-5)

Karin Terfloth / Henrike Cesak:
Schüler mit geistiger Behinderung im inklusiven Unterricht. Praxistipps für Lehrkräfte
(2016; ISBN: 978-3-497-02635-7)

Bibliografische Information der Deutschen Nationalbibliothek

Die Deutsche Nationalbibliothek verzeichnet diese Publikation in der Deutschen Nationalbibliografie; detaillierte bibliografische Daten sind im Internet über <http://dnb.d-nb.de> abrufbar.
ISBN 978-3-497-02636-4 (Print)
ISBN 978-3-497-60362-6 (E-Book)



Printed in Germany
Cover unter Verwendung eines Fotos von © Syda Productions / Fotolia.com
Autorenfoto Breuer-Küppers: www.vladi-fotografie.de
Autorenfoto Bach: Christoph Taterka
Satz: Rist Satz & Druck GmbH, 85304 Ilmmünster

Ernst Reinhardt Verlag, Kemnatenstr. 46, D-80639 München
Net: www.reinhardt-verlag.de E-Mail: info@reinhardt-verlag.de

# Inhalt

# Vorwort

Diese Handreichung richtet sich an Lehrkräfte, die im inklusiven Unterricht an Regelschulen Schüler mit Lernbeeinträchtigungen unterrichten. Geschrieben wurde der Band vor allem mit Blick auf die Regelschullehrkräfte, aber auch Sonderpädagogen dürften den ein oder anderen nützlichen Tipp oder Hinweis finden.

Die theoretischen Erläuterungen und die Praxistipps beruhen einerseits auf wissenschaftlichen Erkenntnissen, die in der Fachliteratur eine Rolle spielen, andererseits auf den praktischen Erfahrungen, die beide Autoren in ihrer langjährigen Unterrichtspraxis in unterschiedlichen Systemen, auch im Gemeinsamen Unterricht, sammeln konnten. So wurde versucht, eine möglichst enge Verzahnung von Theorie und Praxis herzustellen.

In diesem Band geht es um ein gelingendes gemeinsames Lernen von Schülern mit und ohne Lernbeeinträchtigungen. Dabei ist es nicht wesentlich, ob es sich um einen diagnostizierten sonderpädagogischen Förderbedarf im Bereich Lernen handelt oder nicht. Die Hinweise und Tipps sind auch für andere Schüler sinnvoll, die eine Lernbeeinträchtigung, evtl. auch nur in einem Teilbereich, aufweisen.

Zur besseren Lesbarkeit wurde auf die durchgängige Verwendung beider Geschlechter verzichtet und das generische Maskulinum verwendet.

Am Ende der Kapitel gibt es jeweils „Memos" mit einer Zusammenfassung der wichtigsten Inhalte. Zur Orientierung befinden sich Stichwörter und die folgenden Symbole in der Randspalte:

# 1 Lernbeeinträchtigungen: Erscheinungsformen und Ursachen

Dieses Kapitel führt in das Thema Lernbeeinträchtigungen ein. Nach einer Begriffsbestimmung werden mögliche Ursachen ebenso betrachtet wie die vielfältigen Auswirkungen auf den schulischen Alltag mit seinen unterrichtlichen und sozialen Anforderungen.

## 1.1 Der Begriff der Lernbeeinträchtigung

**keine einheitliche Definition**

Im Gegensatz zu anderen Formen von Beeinträchtigungen gibt es für Lernbeeinträchtigungen keine einheitliche Definition mit klar abgrenzbaren Symptomen, die eine sichere Diagnose ermöglichen. So kennt auch die ICD-10 (ein internationales Klassifikationssystem, in dem alle Erkrankungen und Behinderungen mit ihren Symptomen festgehalten sind) keine eigene Ziffer für Lernbeeinträchtigungen oder Lernbehinderung.

Die Kultusministerkonferenz definiert Schüler als sonderpädagogisch förderbedürftig im Förderschwerpunkt Lernen, wenn sie in ihren Bildungs-, Entwicklungs- und Lernmöglichkeiten so beeinträchtigt sind, dass sie im Unterricht der allgemeinen Schule ohne sonderpädagogische Unterstützung nicht hinreichend gefördert werden können. Man geht hier von einem Rückstand von zwei bis drei Schuljahren aus. Lernbeeinträchtigungen, die einen sonderpädagogischen Förderbedarf nach sich ziehen, bestehen über einen langen Zeitraum und sind umfänglich, betreffen also nicht nur einen einzelnen Lernbereich.

**Begriffe**

In der Literatur werden hierfür unterschiedliche Beschreibungen verwendet (z.B. Schüler mit Lernbehinderung, Vorliegen von Lernschwierigkeiten, Lernstörungen oder Lernbeeinträchtigungen). Teilweise werden diese Begriffe synonym verwendet, teilweise nehmen die Autoren damit auch eine graduelle Abstufung im Ausmaß der Probleme im schulischen Lernen vor. Im Folgenden wird der Begriff der Lernbeeinträchtigung verwendet. Dieser lässt offen, in welchem Ausmaß die Beeinträchtigungen im Kind selbst, im sozialen Umfeld und/oder der Institution Schule liegen und wie stark die Auswirkungen sind.

**Zahlen, Daten, Fakten**

2012 gab es in Deutschland knapp 200.000 Schüler mit einem sonderpädagogischen Förderbedarf im Bereich Lernen, wovon 31 % an allgemeinen Schulen unterrichtet wurden (mit steigender Tendenz). Kinder mit Lernschwierigkeiten zählen damit zur größten Gruppe im System der Förderschwerpunkte, wobei häufig zu den Lernbeeinträchtigungen noch Störungen des Sozialverhaltens, hyperkinetische Störungen, tiefgreifende Entwicklungsstörungen oder motorische, sensorische und sprachliche Beeinträchtigungen hinzukommen. Jungen sind tendenziell häufiger betroffen (3 : 2), und auch der Sozialstatus der Eltern spielt eine Rolle. So beträgt der Anteil an Kindern aus sozial benachteiligten Verhältnissen 80–90 % (Grünke/Grosche 2012).

Partielle Lernbeeinträchtigungen (z.B. Dyskalkulie oder Lese-Rechtschreib-Schwäche), auf die hier nicht näher eingegangen werden kann, beziehen sich auf lediglich einen Lernbereich. Sind mehrere Fächer betroffen, spricht man von einer generalisierten Lernstörung. Diese mündet häufig in schulischem Versagen mit all seinen negativen Folgen für den weiteren Lebensweg. Ergänzend gibt es noch die Gruppe der sogenannten Underachiever – Schüler, die trotz guter kognitiver Voraussetzungen Lernbeeinträchtigungen entwickeln bzw. deren schulische Leistungen hinter den Erwartungen zurückbleiben.

**Wie viele Schüler sind von Lernbeeinträchtigungen betroffen?**

Lernbeeinträchtigungen, die einen sonderpädagogischen Unterstützungsbedarf bedingen, betreffen ca. 4% der Schüler. Berücksichtigt man die Ergebnisse der PISA-Studie und den Anteil in den unteren Kompetenzstufen, erfüllen sogar 15–20% der Schüler die schulischen Anforderungen nicht in ausreichendem Maße oder nicht in allen Bereichen.

## 1.2 Ursachen für Lernbeeinträchtigungen

Seit Ende des 20. Jahrhunderts geht man davon aus, dass es keine einzelne Ursache für Lernbeeinträchtigungen gibt, sondern eine Vielzahl von Wirkfaktoren, die bei der Entstehung von Lernbeeinträchtigungen eine Rolle spielen. Sie lassen sich grob drei verschiedenen Bereichen zuordnen, die allerdings nicht streng voneinander getrennt sind, sondern sich überlappen (Abb. 1).

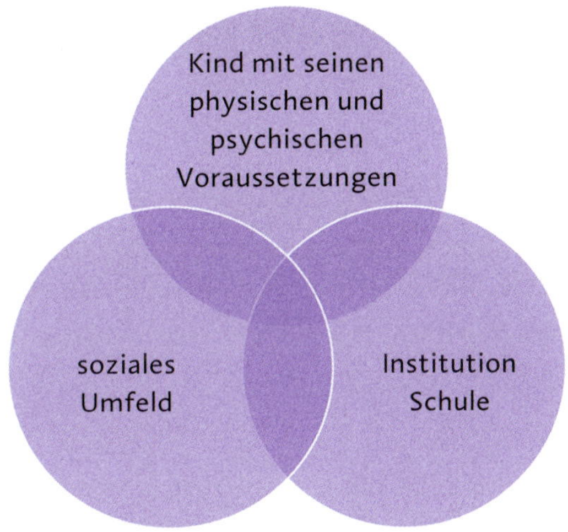


**Abb. 1:** Ursachenfelder Lernbeeinträchtigungen

**Ursachenfeld „Kind"**

Im Ursachenfeld „Kind" können prä-, peri- oder postnatale Schädigungen und Erkrankungen dazu führen, dass das Kind organisch geschädigt wird. Dies kann sich äußern in Sinnesbeeinträchtigungen, motorischen, kognitiven oder neurologischen Schwächen. So kann z.B. der Alkoholgenuss der Mutter während der Schwangerschaft zum Fetalen Alkoholsyndrom (FAS) führen, bei dem vor allem kognitive und emotionale Kompetenzen stark eingegrenzt sind.

Vielfach fehlen Schülern mit Lernbeeinträchtigungen wichtige Primärerfahrungen und damit Vorwissen, was die Neuaufnahme und Verankerung schulischen Wissens erschwert und zu weiteren Lernrückständen führt. Dieses fehlende bereichsspezifische Wissen potenziert sich schnell und lässt sich dann auch mit intensiver Förderung nur schwer wieder aufholen.

Häufig zeigen Kinder mit Lernbeeinträchtigungen auch Rückstände im sprachlichen Bereich. Da Lerninhalte vor allem kognitiv-verbaler und abstrakter Art sind, haben solche Schüler u.a. Probleme, Instruktionen in der Bildungssprache zu verstehen. Auch die Kommunikation mit Mitschülern und Lehrern ist eingeschränkt.

Aufmerksamkeitsprobleme, unkontrollierte Gefühlsausbrüche, Störverhalten oder hyperkinetisches Verhalten hindern Schüler daran, ausdauernd und planvoll zu arbeiten und Arbeitswege zu automatisieren. Lernen erfordert dann einen (zu) hohen Energieaufwand. Es kommt zu Misserfolgserlebnissen und Versagensängsten, was zur Vermeidung solch problemhaltiger Situationen führt.

Auch die persönlichen Ziele, Werthaltungen und Ansprüche des Kindes können zu Lernbeeinträchtigungen führen, ebenso wie traumatische Erlebnisse (z.B. Gewalterfahrung, Missbrauch, Zerbrechen der Familie, Krankheiten).

**Ursachenfeld „soziales Umfeld“**

Im Ursachenfeld „soziales Umfeld“ sind solche Kinder benachteiligt, die in einem anregungsarmen Umfeld aufwachsen. Arbeitslosigkeit, beengte Wohnverhältnisse, geringe finanzielle Möglichkeiten, hohe Kinderzahl, eine schlechte Bildung der Eltern und der dadurch eingeschränkte Zugang zu kulturellen Bildungsangeboten beschränken den Erfahrungshorizont der Kinder, was zu reduziertem Vorwissen führt und die schulische Wissensaufnahme einschränkt.

Was andere Kinder quasi nebenbei lernen, muss Kindern aus einem anregungsarmen Umfeld explizit im schulischen Kontext vermittelt werden.

Erfahren die Kinder keine sichere Bindung, zeigen die Eltern kein Interesse an ihnen oder überfordern sie mit ihren Ansprüchen, kann dies zu einer mangelnden Ausprägung des Selbstbewusstseins und zu Lernbeeinträchtigungen führen, ebenso wie eine soziale Isolierung der Familie, mangelnder Kontakt zu Gleichaltrigen, die psychische Instabilität von Familienmitgliedern (Sucht, Abhängigkeiten, psychische Erkrankungen), chronische Erkrankungen und Ähnliches.

Auch ein Migrationshintergrund kann zur Entwicklung von Lernbeeinträchtigungen beitragen, vor allem, wenn er einhergeht mit prekären wirtschaftlichen Verhältnissen und einer Kultur, deren Normen und Werte weniger auf schulischen Erfolg ausgelegt sind.

**Ursachenfeld „Institution Schule“**

Im Ursachenfeld „Institution Schule“ spielt z.B. das pädagogische Selbstverständnis und damit das Verhalten der Lehrkräfte eine wichtige Rolle. Wird Vielfalt als Störfaktor erlebt, werden Lehrkräfte weniger differenzieren oder spezielle Präventions- und Förderangebote bereitstellen. Aufgaben ohne Lebensweltbezug oder eine inhaltliche Beliebigkeit oder Zufälligkeit pädagogischer Angebote erweisen sich als lernhinderlich.

Überspitzt formuliert lernen die meisten Kinder und Jugendlichen trotz des Unterrichts, Kinder und Jugendliche mit Lernbeeinträchtigungen aber nur im guten Unterricht!

Schätzen Lehrkräfte die Kinder und ihre Eltern nicht wert, kommt es seltener zu einer Kooperation zwischen Elternhaus und Schule, man arbeitet nicht mit-, sondern gegeneinander. Auch ein demütigendes Lehrerverhalten sowie eine starke Rivalität zwischen den Schülern, verbunden mit einer Ausgrenzung der Schwächeren, behindern das Lernen.

## 1.3 Auswirkungen von Lernbeeinträchtigungen

Lernbeeinträchtigungen wirken sich auf unterschiedliche Lebensbereiche aus und betreffen sowohl die Leistungen in der Schule als auch die Entwicklung der Persönlichkeit und die beruflichen Chancen der Betroffenen.

### 1.3.1 Mangelndes Strategiewissen

**fehlende metakognitive Steuerung**

Kinder mit Lernschwierigkeiten zeigen eine mangelnde metakognitive Handlungssteuerung: Sie planen Lösungswege nur lückenhaft und oberflächlich, können ihren eigenen Wissenserwerb nicht beobachten, ihre Lernfortschritte nicht kontrollieren oder ihren Lernweg modifizieren. Daneben fehlen ihnen auch Teilfertigkeiten, um Denk-, Lern- und Gedächtnisstrategien erfolgreich anzuwenden. Mangelnde Motivation und Konzentration sorgen zudem dafür, dass Lernbemühungen zu schnell abgebrochen werden. Die Schüler lassen sich schnell ablenken und verfallen in Aktivitäten, die eher hinderlich sind, indem sie z.B. Ergebnisse raten.

### 1.3.2 Unrealistische Erfolgserwartung

**Fehleinschätzung von Fähigkeiten**

Schüler mit Lernschwierigkeiten haben oft eine unrealistische Erfolgserwartung. Entweder glauben sie, Aufgaben bewältigen zu können, ohne sich anstrengen zu müssen, was dazu führt, dass sie nicht genügend Energie für die Lösung der Aufgabe verwenden und versagen. Oder sie schätzen ihre Fähigkeiten zu niedrig ein und entwickeln Versagensängste, was dazu führt, dass sie sich erst gar nicht an Aufgaben herantrauen und so ebenfalls scheitern.

### 1.3.3 Stigmatisierung

**mangelndes Selbstwertgefühl und Ausgrenzung**

Andauernde Misserfolge können zu einer Beeinträchtigung des Selbstwertgefühls und der Persönlichkeitsentwicklung führen, ebenso zu einer Stigmatisierung des Schülers. Der „Dumme“ wird von den Mitschülern und evtl. den Lehrern abgelehnt und ausgegrenzt, die Kommunikation eingeschränkt, was die Probleme verstärkt.

### 1.3.4 Angst vor Entdeckung

Verheimlichung von Schwierigkeiten

Schüler mit Lernbeeinträchtigungen versuchen häufig, ihre Schwierigkeiten zu verbergen. Sie möchten genauso sein wie die anderen Kinder und versuchen, ihre Schwächen zu kompensieren, indem sie abschreiben, Hausaufgaben von anderen Personen erledigen lassen, in Leistungssituationen Krankheiten vortäuschen oder Ähnliches. Oft sind sie darin äußerst geschickt, was es für die Lehrpersonen erschwert, die Probleme zu erkennen und entsprechende Hilfsangebote zu machen.

### 1.3.5 Berufsbezogene Schwierigkeiten

erschwerte Jobsuche

Werden die Bildungsziele der Institution Schule dauerhaft verfehlt, schränkt dies die Berufsmöglichkeiten stark ein, sodass sich diese Schüler mit schlechter bezahlten Beschäftigungen zufriedengeben müssen, vorausgesetzt, sie finden einen Weg in den Ausbildungs- und Arbeitsmarkt.

Memo

**Begriff, Ursachen und Auswirkungen von Lernbeeinträchtigungen**

- Eine einheitliche Definition für den Begriff der Lernbeeinträchtigung gibt es nicht.

- Gemein ist Schülern mit einem sonderpädagogischen Förderbedarf im Förderschwerpunkt Lernen ein erheblicher, lang andauernder Leistungsrückstand in mehreren Lernbereichen, häufig verbunden mit einem unterdurchschnittlichen IQ.

- Auch Schüler ohne sonderpädagogischen Unterstützungsbedarf können partiell Lernbeeinträchtigungen haben, die zusätzliche Förderung notwendig machen.

- Die Ursachen für Lernbeeinträchtigungen können sowohl im Kind selbst, im sozialen Umfeld als auch in der Institution Schule liegen. Lernbeeinträchtigungen sind also multifaktoriell bedingt.

- Lernbeeinträchtigungen können sich sowohl auf die Leistung als auch auf die Persönlichkeit und das Sozialverhalten negativ auswirken.

- Betroffene Schüler versuchen häufig, ihre Lernschwierigkeiten zu verstecken, was dazu führt, dass sie Arbeitsergebnisse nicht selbst erarbeiten, sondern sich auf anderem Weg besorgen.

# 2 Aufgaben von Lehrern und Kooperation mit weiteren Fachkräften

In diesem Kapitel geht es um zentrale Aufgaben multiprofessioneller Teams in inklusiven Systemen. Es werden Aspekte aus den Aufgabenbereichen Diagnostik, Förderung und Förderplanung, Beratung und Unterrichten thematisiert. Hierbei handelt es sich um Empfehlungen. Jedes Team und seine Mitglieder sind individuell. Teamentwicklung und -maßnahmen können und sollten ggf. den Aushandlungsprozess von Verantwortlichkeiten begleiten und unterstützen. Im Rahmen dieses Ratgebers stehen Schüler mit Lernbeeinträchtigungen im Mittelpunkt. Nur wenn es sinnvoll ist, werden dabei Schüler mit gutachterlich festgestelltem sonderpädagogischen Unterstützungsbedarf von denen mit Förderbedarf unterschieden. Dadurch wird deutlich, dass das Förderangebot alle Schüler mit Lernschwierigkeiten erreichen sollte. Viele Trainings und Interventionsverfahren differenzieren nicht zwischen den in Kapitel 1 genannten Arten von Lernbeeinträchtigungen. Die individuelle Förderung lernbeeinträchtigter Schüler, sowohl mit als auch ohne sonderpädagogischem Unterstützungsbedarf, ist eine gemeinsame Verantwortung von Regelschullehrer und Sonderpädagoge, ergänzt durch Beratung und Unterstützung weiterer Professionen und Institutionen. Um dabei der Herausforderung Arbeit in multiprofessionellen Teams gerecht zu werden und möglichst große Arbeitszufriedenheit zu erreichen, sollten die Aufgaben möglichst genau beschrieben und einzelnen Teammitgliedern kooperativ zugeordnet werden.

## 2.1 Grundlagen

Heraus- forderung multi- professionelles Team

Inklusiver Unterricht erfordert von den dort tätigen Pädagogen die Bereitschaft, Kompetenz und Empathie, kooperativ zu arbeiten. Im Zentrum steht dabei die Kooperation von Regelschullehrer und Sonderpädagoge, ggf. ergänzt bzw. begleitet durch weitere inner- und außerschulische Professionen (z.B. Schulpsychologischer Dienst, Therapeuten, Mitarbeiter des Jugendamtes). Der Umstand, dass Lernbeeinträchtigungen keineswegs ausschließlich Ausdruck einer Lernbehinderung im engeren Sinne sind und auch nicht zwangsläufig zu einem sonderpädagogischen Unterstützungsbedarf führen, verdeutlicht, dass eine schematische Ausgestaltung der Verantwortlichkeiten von Regelschullehrern für die Schüler ohne sonderpädagogischen Unterstützungsbedarf und des Sonderpädagogen für Schüler mit festgestelltem Unterstützungsbedarf an der Realität der individuellen Lernvoraussetzungen der Schüler vorbeigeht. Zielführend und idealtypisch erscheint ein Zwei-Lehrer-System, das die schulische und soziale Entwicklung der Schüler als gemeinsame pädagogische Verantwortung begreift (Abb. 2).

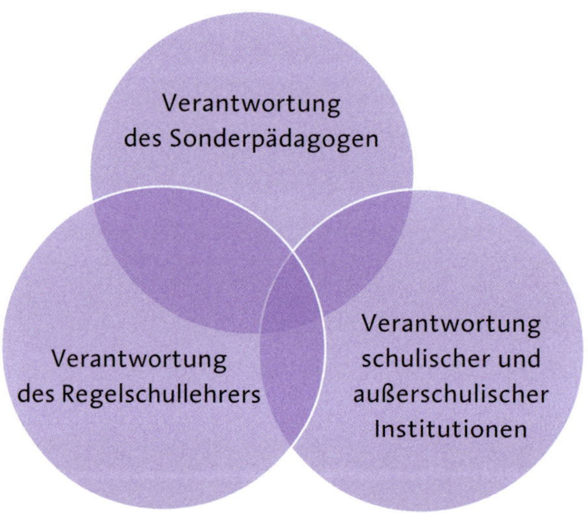


**Abb. 2:** Aufgabenverteilung in multiprofessionellen Teams

Die folgenden Ausführungen beziehen sich auf dieses Grundverständnis professioneller Zusammenarbeit. Selbstverständlich kann dabei nicht der Vielzahl möglicher schulischer Konstellationen, Strukturen und Rahmenbedingungen Rechnung getragen werden. Die spezifischen Teamstrukturen sind im konkreten Fall ein möglichst konstruktiver und zielführender Aushandlungsprozess. Um Missverständnissen und Unklarheiten vorzubeugen, könnte eine Art Geschäftsverteilungsplan erstellt werden, der die Verantwortlichkeiten möglichst genau beschreibt und Bestandteil von Teamentwicklungsprozessen wird.

Klären Sie im Team möglichst präzise die anfallenden Aufgaben und legen Sie die Verantwortlichkeiten fest. So entsteht eine Art Geschäftsverteilungsplan, in dem wiederkehrende Aufgaben unter Berücksichtigung der individuellen Ausprägung von Sach-, Fach- und Methodenkompetenz verteilt werden können (Kap. 2.5).

Im Folgenden werden zentrale Aufgaben bei der Förderung von Schülern mit Lernbeeinträchtigungen beschrieben. In einer zusammenfassenden Übersicht werden diese abschließend beispielhaft den Professionen zugeordnet.

## 2.2 Diagnostik

**Status-/ Feststellungsdiagnostik**

Bei vermuteten manifesten Lernbeeinträchtigungen dient die Status- bzw. Feststellungsdiagnostik der Erstellung einer differenzierten Analyse des Ursache-Wirkungs-Zusammenhangs bzw. Art und Umfang der Lernbeeinträchtigungen. Sind der Umfang und die Dauer der Lernbeeinträchtigungen in verschiedenen Bereichen so groß und lang anhaltend, dass auch bei intensiver Förderung nicht von einem vorübergehenden Charakter ausgegangen werden kann, kommt die Feststellung eines sonderpädagogischen Unterstützungsbedarfs in Betracht. Dieser ist nicht ausschließlich an einem niedrigen Intelligenzquotienten festzumachen. Im Rahmen der Diagnostik sind eine Vielzahl von Ursache- und Wirkzusammenhängen einzubeziehen. Generalisierte Lernstörungen und insbesondere Underachievement (Kap. 1) können auch bei durchschnittlicher Intelligenz auftreten und im Einzelfall sonderpädagogischen Unterstützungsbedarf begründen. Umgekehrt benötigen Schüler mit niedriger Intelligenz und Lernschwierigkeiten nicht zwangsläufig sonderpädagogische Unterstützung.

> Schüler mit Lernschwierigkeiten benötigen in aller Regel individuelle Förderangebote. Wie intensiv diese ausfallen und ob ein sonderpädagogischer Unterstützungsbedarf im Lernen besteht, ist diagnostisch abzuklären. Im Vordergrund steht dabei ein prognostisches Urteil, inwieweit die schulischen Anforderungen umfänglich und anhaltend nicht erfüllt werden können.

Die umfängliche Feststellungsdiagnostik ist Aufgabe der sonderpädagogischen Lehrkraft und ggf. weiterer Fachdienste. In der Regel wird sie im Rahmen eines formal geregelten Verfahrens durchgeführt und mündet in eine Verwaltungsentscheidung.

**frühzeitige Diagnostik**

In inklusiven Kontexten (aber auch ohne diese) ist eine frühzeitige umfassende Diagnostik angezeigt, wenn Schüler erkennbar in mehreren Bereichen und über einen längeren Zeitraum die schulischen Anforderungen nicht erfüllen. Da diese Schüler zunehmend sogenannte bereichsspezifische Wissenslücken aufbauen, sollte eine diagnostische Überprüfung frühzeitig erfolgen und ggf. auch durch die Regellehrkraft initiiert werden.

Lernprozessdiagnostik hat das Ziel, Lernen und Lernerfolg, aber auch Misserfolg, sichtbar werden zu lassen. Dies bedeutet eine Abkehr vom sogenannten „wait-to-fail"-Ansatz, also einer Grundhaltung, die spezifische diagnostische Maßnahmen erst dann in den Blick nimmt, wenn die Lernschwierigkeiten unübersehbar geworden sind. Häufig ist es dann zu spät, bei den betroffenen Schülern haben sich bereits so große Wissenslücken aufgebaut, dass sich Lernschwierigkeiten manifestieren. Am Ende von Kapitel 4 wird auf das Konzept Curriculum Basiertes Messen (CBM) näher eingegangen. Dieses eignet sich, um Fehlentwicklungen in den Lernprozessen der Schüler sichtbar werden zu lassen.

**Bezüglich der Diagnostik gilt:**

- Seien Sie sensibel für Lernschwierigkeiten!
- Warten Sie nicht zu lange. Eine frühzeitige diagnostische Abklärung trägt dazu bei, dass notwendige Hilfen rechtzeitig erfolgen!
- Sie sind gerade dann ein guter Lehrer, wenn Sie Lernschwierigkeiten Ihrer Schüler frühzeitig erkennen und sich notwendige Unterstützung holen!
- Diagnostik ist kein Stigma und bedeutet nicht notwendigerweise, dass ein sonderpädagogischer Unterstützungsbedarf festgestellt wird!
- Curriculum Basiertes Messen (CBM) ermöglicht eine engmaschige Kontrolle der Lernentwicklung Ihrer Schüler, insbesondere in Mathematik und Deutsch!
- Standardisierte Tests können den Lernstand der ganzen Klasse erfassen!
- Setzen Sie Tests und Förderprogramme ein, die wissenschaftlich abgesichert sind bzw. berücksichtigen Sie diese bei der Anschaffung neuen Materials!

## 2.3 Individuelle Förderung

**Planung** Auf Grundlage der zuvor dargestellten diagnostischen Ansätze entwickelt das Team eine Förderplanung und dokumentiert diese im Förderplan. Die Hauptverantwortung für die Erstellung des Förderplans liegt dabei bei der sonderpädagogischen Lehrkraft. Schüler, die noch keinen sonderpädagogischen Unterstützungsbedarf haben, bei denen im Rahmen der Diagnostik aber die Notwendigkeit erhöhter Förderung festgestellt wurde, sollten ebenfalls in die informelle Förderplanarbeit einbezogen werden. Hier gilt im Zwei-Lehrer-System das Prinzip der geteilten Verantwortung.

**Ziele** Abhängig von Grad, Ausmaß und Schwerpunkt der Lernbeeinträchtigungen der Schüler erfolgt, wenn möglich, auf Grundlage des erstellten Förderplans eine passgenaue Förderung. Hierbei ist es sinnvoll, eine realistische Zahl von Förderaspekten auszuwählen, einen zeitlichen Horizont für den gewünschten Erfolg der Maßnahme zu bestimmen und begleitend (formative Evaluation) und/oder abschließend (summative Evaluation) zu überprüfen, ob das Ziel erreicht wurde (Abb. 3).

Häufig ist die Anzahl denkbarer Förderziele bei Schülern mit Lernbeeinträchtigungen so groß, dass ein Gefühl von Ohnmacht entstehen kann. Es ist für Ihren Schüler und Sie selbst wichtig, Selbstwirksamkeit (das Zutrauen, es schaffen zu können) zu ermöglichen. Wählen Sie deshalb zunächst wenige Ziele (eins bis drei) aus, auf die Sie gemeinsam hinarbeiten können.

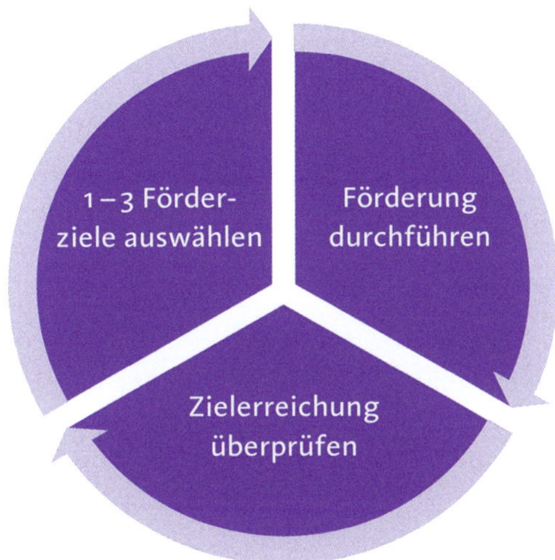


**Abb. 3:** Kreislauf Planung und Durchführung einer Förderung

Im Team sollte ergänzend überlegt werden, welche Schüler mit Lernbeeinträchtigungen, aber ohne sonderpädagogischen Unterstützungsbedarf präventiv gezielt gefördert werden sollten. Die ausführliche Erstellung eines Förderplans ist dann nicht notwendig, aber hilfreich.

**Auswahl und Formulierung der Förderziele**

Bei der Auswahl und Formulierung der Förderziele ist es hilfreich, bestimmte Regeln zu beachten. In Anlehnung an die Schulentwicklungs- und Unterrichtsforschung sollten die für die Förderung ausgewählten Ziele die sogenannte SMART-Regel berücksichtigen (Abb. 4). Diese hilft dabei, sich selbst und den Schüler nicht zu überfordern und Selbstwirksamkeit zu ermöglichen.

### Empfehlung zur Erstellung und Formulierung von (Förder-)Zielen mithilfe der SMART-Regel

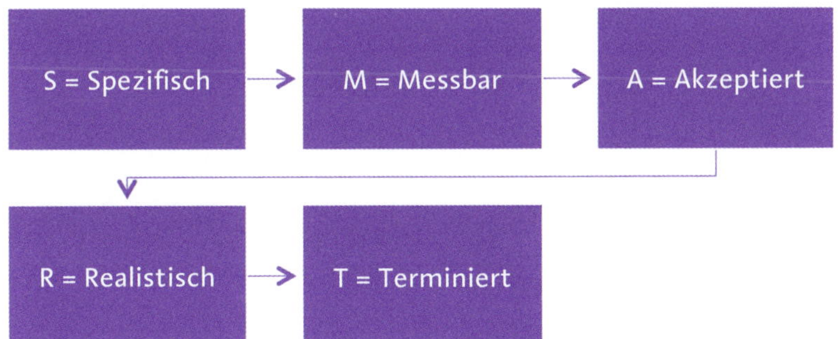


**Abb. 4:** Die SMART-Regel zur Formulierung von Förderzielen

**SMART bedeutet:**

- Spezifisch: Wählen Sie Ziele, die möglichst genau einen Förderaspekt beschreiben.
- Messbar: Wählen Sie Ziele, deren Erreichung grundsätzlich mess- und überprüfbar ist.

- Akzeptiert: Wählen Sie Ziele, die von Ihnen und ggf. auch von Ihrem Schüler als relevant betrachtet werden.
- Realistisch: Wählen Sie Ziele, die für den Schüler auch erreichbar sind.
- Terminiert: Wählen Sie Ziele, die innerhalb eines vertretbaren zeitlichen Rahmens erreicht werden können.

**Beispiele:**

**Positiv:** Peter (zehn Jahre) gelingt es im Verlauf der nächsten drei Monate, seine Rechtschreibsicherheit weiter zu steigern, indem er die Regel „Namenwörter schreibt man groß“ in frei geschriebenen Texten zunehmend sicher anwendet. Zunehmend sicher bedeutet, dass er mehr als die Hälfte der verwendeten Namenwörter groß schreibt.

**Negativ:** Simone (15 Jahre) gelingt es, in frei geschriebenen Texten weniger Fehler zu machen.

*Fleckenstein, J., Jankhun, S., Meiering, S., Scholz, H. (2015): Diagnostischer Leitfaden zur Feststellung des sonderpädagogischen Unterstützungsbedarfs. Schulz-Kirchner, Idstein*

Förderort / Sozialformen

In Abhängigkeit der gewählten Förderziele erfolgt die Förderung in unterschiedlichen schulischen Settings (Abb. 5). Denkbar sind Einzelförderung, Kleingruppenförderung und Förderung im Klassenverband. Ergänzend kommt auch eine Förderung durch außerschulische Institutionen und Angebote in Betracht. Dies können logopädische, ergotherapeutische, lerntherapeutische und psychologisch-psychiatrische Maßnahmen sein. Letztere können ggf. durch den Sonderpädagogen in Kooperation mit dem schulpsychologischen Dienst veranlasst werden.

**Abb. 5:** Sozialkontext der Förderung und Zuständigkeit

evidenzbasierte Förderung

Welche Förderung in welchem Kontext durchgeführt wird, ist abhängig von der Diagnostik. In der Forschung setzt sich dabei zunehmend die Erkenntnis durch, dass Förderung dann besonders zielführend ist, wenn die zu fördernde Kompetenz auch tatsächlich in der Förderung bspw. durch ein spezifisches Trainingsprogramm trainiert wird. Die bei Schülern mit Lernbeeinträchtigungen häufig unzureichende Anwendung von Lernstrategien kann entsprechend nur durch ein Programm oder eine Methode gefördert werden, die dieses Ziel explizit verfolgt. Als Faustregel gilt, dass bei der Auswahl spezifischer Trainings oder Unterrichtsmethoden deren Wirksamkeit ausreichend nachgewiesen sein muss. Dies bedeutet, dass unter Beachtung wissenschaftlicher Standards (Objektivität, Reliabilität, Validität) die Wirksamkeit (es wird hier von Evidenz gesprochen) für eine bestimmte Zielgruppe nachgewiesen ist.

Da es in der Praxis schwierig ist, einen umfassenden Überblick über Trainingsprogramme und wirksame Methoden zu bekommen oder sich zu erhalten, empfiehlt sich eine Anfrage in den jeweiligen Fachbereichen der Universitäten. Darüber hinaus können auch Inklusionskoordinatoren bei den Schulämtern eine Anlaufstelle sein. Eine diesbezügliche Datenbank existiert bisher im deutschsprachigen Raum noch nicht. Einen Überblick über Test- und Fördermaterialien bietet die Internetpräsenz www.testzentrale.de (10.5.2016). Die dort gelisteten Tests und Fördermaterialien sind jedoch keiner Qualitätskontrolle unterzogen.

*Lauth, G.W., Grünke, M., Brunstein (Hrsg.) (2014): Interventionen bei Lernstörungen. Förderung, Training und Therapie in der Praxis. 2., überarbeitete und erweiterte Auflage. Hogrefe, Göttingen*

**Förderung im Klassenverband**

Viele Trainingsprogramme oder Fördermethoden basieren auf einer Einzel- oder Kleingruppenförderung, die die vorübergehende Aufhebung des Unterrichts im inklusiven Klassenverband erfordert. In der Regel wird daher diese Förderung durch den Sonderpädagogen angeleitet. Darüber hinaus zeigt die empirische Unterrichtsforschung jedoch, dass es Kriterien lernwirksamen Unterrichtes bzw. Konzepte und Methoden gibt, deren Beachtung insbesondere bei Schülern mit Lernbeeinträchtigungen von zentraler Bedeutung ist (Kap. 3).

## 2.4 Beratung

**Anlässe**

Im Zusammenhang mit Lernbeeinträchtigungen ist eine Vielzahl von Beratungskonstellationen denkbar. Dabei ist zu berücksichtigen, ob die Schüler bereits sonderpädagogischen Unterstützungsbedarf haben, dieser perspektivisch sinnvoll und notwendig erscheint oder es sich um eine vorübergehende Lernschwierigkeit handelt. Wichtig ist ein proaktives Handeln der Lehrperson. Wenn Sie unsicher sind, ob und welche Art von Lernstörung vorliegt, wenden Sie sich an Sonderpädagogen, den schulpsychologischen Dienst oder weitere externe Fachkräfte.

Lernbeeinträchtigungen wachsen sich in der Regel nicht aus! Suchen Sie auch frühzeitig das Gespräch mit den Erziehungsberechtigten. Da dies eine besonders anspruchsvolle Beratung ist, ist es sinnvoll, im Bereich Beratungskompetenz und Beratungskonzeptionen Fortbildungen und einschlägige Ratgeber zu nutzen bzw. Unterstützung durch Fachkräfte hinzuzuziehen.

## 2.5 Kooperation

In inklusiven Unterrichtssettings ist der Kooperation in Situationen des Team-Teachings besondere Aufmerksamkeit zu schenken. In der Regel ergänzen sich im Zwei-Lehrer-System Regelschullehrer und Sonderpädagoge, u. U. aber auch zwei Regelschullehrer. Dabei können verschiedene Formen des Team-Teachings unterschieden werden, die alle prinzipiell denkbar, aber auch unterschiedlich schwierig sind.

> *„Lehrkräfte der Allgemeinen Schule und Lehrkräfte für sonderpädagogische Förderung müssen in der inklusiven Schule nicht nur zusammen arbeiten, sondern zusammenarbeiten."* (Wember 2013, 383)

**Ebenen**

Forschungsarbeiten zeigen jedoch, dass dies ein anspruchsvolles Unterfangen ist, zumal kooperatives Lehrerhandeln nicht selten unter großem Handlungsdruck realisiert werden muss. Insbesondere neu gebildete oder unerfahrene Tandems sollten das Modell der arbeitsteiligen Kooperation realisieren. Wocken (1988) konnte zeigen, auf welchen Ebenen ein vertrauensvolles Verhältnis entwickelt werden muss (Abb. 6).

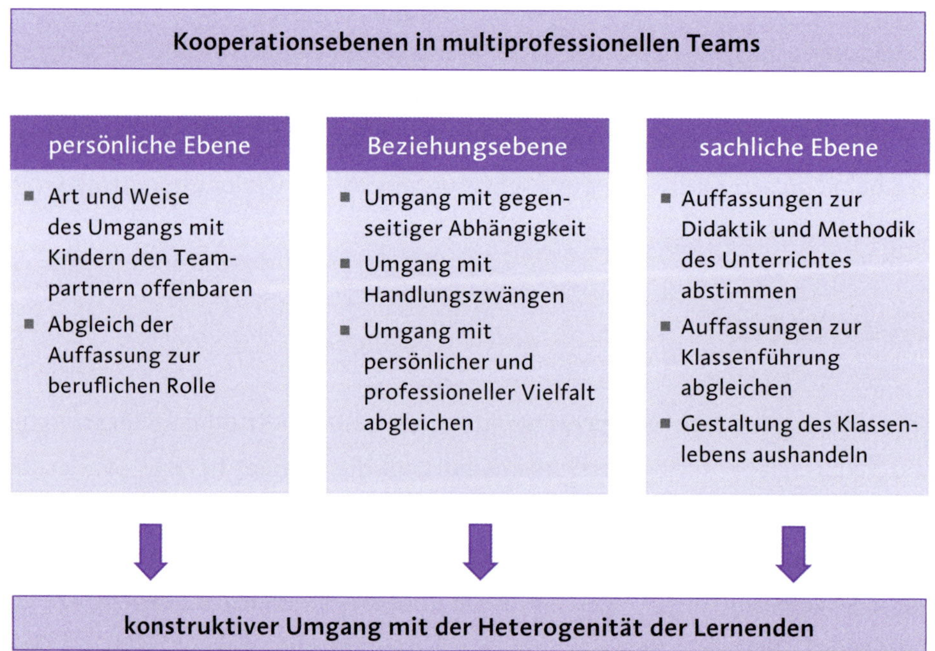


**Abb. 6:** Kooperationsebenen in multiprofessionellen Teams

**Aufgabenteilung**

Eine arbeitsteilige Kooperation im Unterricht, mit eindeutig verabredeter Aufgabenteilung, dient der Teamentwicklung und ist ein Beitrag zur gerade für Schüler mit Lernbeeinträchtigungen so wichtigen Klassenführung sowie Klarheit und Strukturiertheit des Unterrichts. Dabei kann die Zuständigkeit für Schüler mit und ohne Unterstützungsbedarf variieren. Wember (2013) nennt drei in der Praxis häufig zu beobachtende Formen (Tab. 1; Abb. 7). Es empfiehlt sich dabei ein regelmäßiger Wechsel der Rollen.

**Tab. 1:** Aufgabenverteilung im Unterricht

| Lehrer und Helfer | Lehrer und Beobachter | alternativer Unterricht |
|---|---|---|
| ▪ Eine Lehrkraft trägt die Unterrichtsverantwortung und unterrichtet auf einem einheitlichen Niveau.<br>▪ Die zweite Lehrkraft beobachtet die Schüler und unterstützt bei Lern- und Verständnisschwierigkeiten. | ▪ Eine Lehrkraft trägt die Unterrichtsverantwortung.<br>▪ Die zweite Lehrkraft beobachtet den Unterricht und die Schüler und gibt im Anschluss Rückmeldung. | ▪ Eine Lehrkraft arbeitet mit dem größten Teil der Schüler auf einem Anforderungsniveau.<br>▪ Die andere Lehrkraft arbeitet mit einer kleineren Gruppe auf einem niedrigeren oder höheren Anspruchsniveau, ggf. mit anderen und/oder zusätzlichen Materialien. |

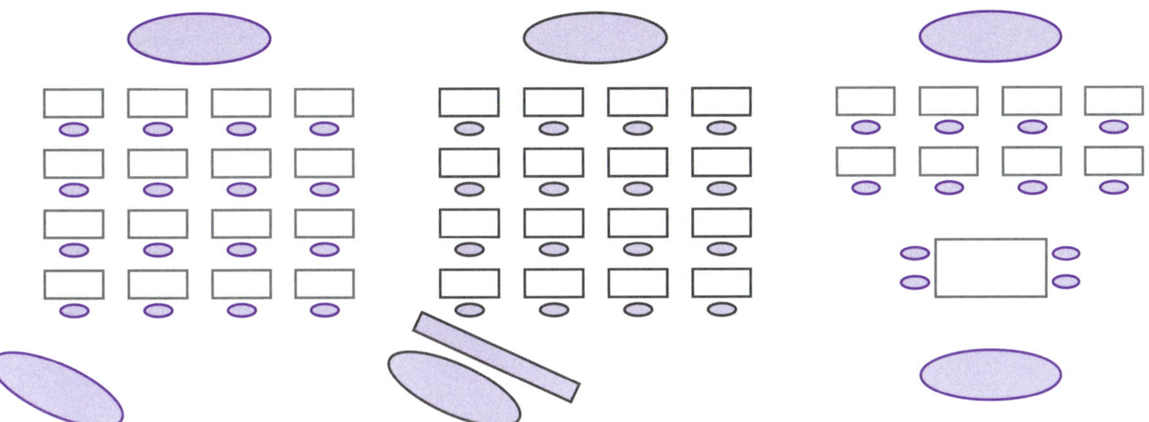

**Abb. 7:** Aufgabenverteilung im Unterricht I (Lehrer und Helfer; Lehrer und Beobachter; alternativer Unterricht) (eigene Darstellung nach Wember 2013)

Anspruchsvoller sind der Parallelunterricht und das Team-Teaching. Beide verlangen ein deutlich größeres Maß an Abstimmung und Absprache. Insbesondere das Team-Teaching mit geteilter Unterrichtsverantwortung benötigt ein hohes Maß an gemeinsamer Unterrichtsplanung, Vorbereitung und Absprache. Wenn dies gelingt, trägt dies bei den Schülern zu großer Akzeptanz beider Lehrkräfte bei und stärkt die gemeinsame Verantwortung unterrichtlicher Förderung unabhängig von den Fördervoraussetzungen (Abb. 8).

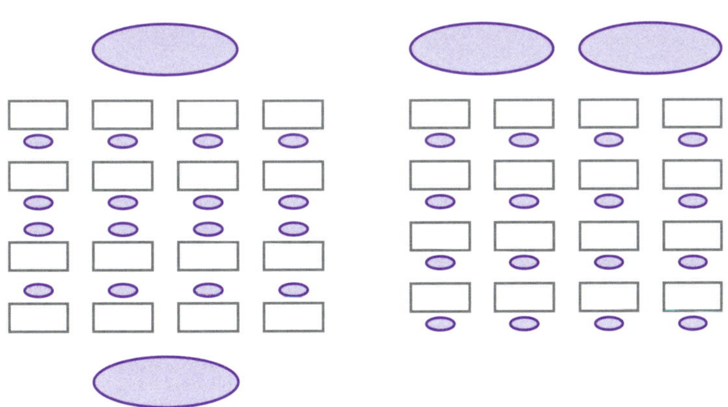

**Abb. 8:** Aufgabenverteilung im Unterricht II (Parallelunterricht; Team-Teaching) (eigene Darstellung nach Wember 2013)

**Tab. 2:** Geschäftsverteilungsplan

| Bereich | Tätigkeit | Schüler mit sonderpädagogischem Unterstützungsbedarf | Schüler mit Förderbedarf |
|---|---|---|---|
| Zwei-Lehrer-System | Team-Teaching | SP<br>(RL) | RL<br>(SP) |
| Feststellungsdiagnostik | Gutachtenerstellung | SP | SP |
| Prozessdiagnostik | Lernverlauf kontrollieren | SP | RL<br>SP |
| Förderplanung | Zieldefinition | SP | RL<br>(SP) |
| Förderung | Förderung mit Bezug zum Förderplan | SP | RL<br>SP |
| Beratung | Schullaufbahnberatung<br>Schülerberatung<br>Kollegenberatung<br>Elternberatung | SP<br>(RL) | SP<br>RL |

**Strukturierungshilfe**

Tabelle 2 kann Ihnen als Strukturierungshilfe für die Erstellung Ihres individuellen teamspezifischen Geschäftsverteilungsplans dienen. Ergänzend sollten Sie zur Operationalisierung möglichst konkrete Handlungen beschreiben und fehlende Bereiche / Aspekte ergänzen.

Memo

## Bedeutung und Aufgaben multiprofessioneller Teams

- Die Förderung von Kindern und Jugendlichen mit Lernbeeinträchtigungen liegt in der gemeinsamen Verantwortung multiprofessioneller Teams.

- Die individuelle Förderung erfolgt auf Grundlage einer statusbezogenen und prozesshaften Förderplanung, deren Wirksamkeit zu überprüfen ist.

- Ort, Art und Umfang der Förderung richten sich nach den Bedürfnissen der Kinder sowie der Wirksamkeit der Förderung.

- Beratungs- und Kooperationsqualität beeinflussen die Wirksamkeit der Förderung.

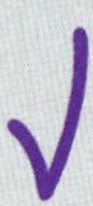

- Inklusive Unterrichtssettings erfordern ein arbeitsteiliges Vorgehen der Mitglieder multiprofessioneller Teams. Unterricht im Zwei-Lehrer-System kann auf unterschiedlichen Komplexitätsniveaus realisiert werden.

# 3 Gemeinsamer Unterricht für Kinder mit und ohne Lernbeeinträchtigung

Ein gelingender gemeinsamer Unterricht von Schülern mit und ohne Lernbeeinträchtigung hängt von vielen Faktoren ab. Die in Kapitel 4 vorgestellten didaktisch-methodischen Besonderheiten gehören ebenso dazu, wie die in diesem Kapitel vorgestellten Rahmenbedingungen eher allgemeiner Art. Sie reichen von Maßnahmen zur Steigerung des Sprachverstehens über organisatorische Bedingungen (z.B. Klassengröße und Sitzplatz) bis hin zu solchen Maßnahmen, die im Bereich Strategieentwicklung oder im sozial-emotionalen Bereich anzusiedeln sind.

## 3.1 Lernwirksamer guter Unterricht

**Merkmale**

Die empirische Unterrichtsforschung hat zahlreiche Merkmale lernwirksamen Unterrichts nachweisen können. Grundsätzlich sollte die Lehrperson bei der Planung und Durchführung des Unterrichtes möglichst viele dieser Merkmale beachten.

Insbesondere Schüler mit Lernschwierigkeiten sind auf guten Unterricht angewiesen und profitieren von lernwirksamem Unterricht.

Unterrichtliche Förderung beachtet Prinzipien, auf die unter Setzung von Schwerpunkten eingegangen werden soll. Im Wesentlichen sind dies die Bereiche Klassenführung sowie Klarheit und Strukturiertheit von Unterricht. Ergänzt werden die Ausführungen, die unabhängig von verwendeten Methoden zu berücksichtigen sind, durch die Methode der Direkten Instruktion und das Konzept des Kooperativen Lernens, da es nachweislich wirksam und im Kontext inklusiven Unterrichts durch seinen tutoriellen Charakter von besonderer Relevanz ist. Da offene Unterrichtsformen im inklusiven Unterricht einen hohen Stellenwert besitzen, werden die Bedingungen genannt, die Lernerfolge auch bei Schülern mit Lernbeeinträchtigungen ermöglichen bzw. diese wahrscheinlicher machen. Die Arbeit mit Checklisten bzw. Lernzielen soll hierbei unterstützen. Für eine intensive Auseinandersetzung mit der Thematik lernwirksamen Unterrichts wird auf die weiterführende Literatur bzw. Tipps zur Evaluation von Unterricht verwiesen. Die folgenden Ausführungen beziehen sich vor allem auf Helmke (2015).

*Helmke, A. (2015): Unterrichtsqualität und Lehrerprofessionalität. Diagnose, Evaluation und Verbesserung des Unterrichts. Klett: Kallmeyer, Seelze-Velber*

**Klassenführung**

Auch wenn die Begriffe Klassenführung und Classroom-Management nicht synonym sind, überschneiden sich die Konzepte so weitreichend, dass in diesem praxisbezogenen Zusammenhang auf eine differenzierte Betrachtungsweise verzichtet wird. Vielmehr geht es darum, den eigenen Unterricht nach Prinzipien wirksamer Klassenführung zu gestalten und so Lernerfolge zu ermöglichen und Unterrichtsstörungen zu minimieren. Klassenführung ist ein anspruchsvolles Konzept, das Lehrer nicht im Vorbeigehen erlernen. Vielmehr sind Maßnahmen der Unterrichtsdiagnostik und der Unterrichtsevaluation notwendig. Gleichwohl ist es vor allem für die Förderung von Schülern mit Lernbeeinträchtigungen so zentral, dass es auch in einem Praxisratgeber nicht fehlen darf und zu weiteren Schritten motivieren soll.

Die zunehmende Beachtung der Merkmale guter Klassenführung ist ein Prozess, der Geduld, Ausdauer und Reflexionsbereitschaft erfordert. Sie ist kein schnelles Rezept. Mittel- und langfristig profitieren Schüler mit und ohne Lernschwierigkeiten sowie die Lehrkräfte gleichermaßen.

Dabei gilt:

- Klassenführung ist ein Schlüsselmerkmal guten Unterrichts (geringe Störungsrate/hohe Mitarbeit).
- Im Fokus guter Klassenführung ist Prävention, nicht Reaktion.
- Klassenführung sind alle Aktivitäten der Lehrkraft zur Schaffung einer Lernumgebung (Evertson/Weinstein 2006).
- Grundlegendes Prinzip sind klare Abläufe und Routinen.

Evertson und Weinstein benennen elf Kriterien guter Klassenführung. Deren Anwendung begünstigt lernwirksamen Unterricht und ist daher als prinzipielle Fördermaßnahme bei der Planung und Durchführung von Unterricht zu beachten. Unterrichtsform oder Unterrichtsmethode sind dabei zweitrangig.

**Kriterien guter Klassenführung nach Evertson/Weinstein**

- Vorbereitung des Klassenraums,
- Planung und Unterrichtung von Regeln und unterrichtlicher Verfahrensweisen,
- Festlegung von Konsequenzen,
- Schaffung eines positiven (Lern-)Klimas im Klassenraum,
- Beaufsichtigung der Schüler,
- Unterricht angemessen vorbereiten,
- Festlegung von Schülerverantwortlichkeit,
- unterrichtliche Klarheit,
- kooperative Lernformen,
- unangemessenes Schülerverhalten unterbinden,
- Strategien für potenzielle Probleme.

Kounin (2006) ergänzt das Konzept um weitere Aspekte des Lehrerhandelns:

**Lehrerhandeln nach Kounin**

- Seien Sie allgegenwärtig!
- Arbeiten Sie gleichzeitig an verschiedenen Problemen (Multitasking)!
- Leiten Sie den Unterricht zügig und mit Schwung!
- Planen und leiten Sie Ihren Unterricht an einem roten Faden entlang, vermeiden Sie Brüche!
- Aktivieren Sie die ganze Lerngruppe!
- Organisieren Sie die Phasenübergänge des Unterrichtes!
- Erkennen und vermeiden Sie die vorgetäuschte Teilnahme Ihrer Schüler!

**verständliche Strukturen**

Zusätzlich zur Thematik Klassenführung ist ein weiteres Schlüsselmerkmal guten Unterrichts gerade für Schüler mit Lernbeeinträchtigungen besonders wichtig: Klarheit / Strukturiertheit.

Unstrukturierter und unklarer Unterricht stellt vor allem für Schüler mit Lernschwierigkeiten eine Barriere dar. Strukturen werden umso wichtiger, je geringer die Vorkenntnisse der Schüler sind (Helmke 2015).

Klarheit und Verständlichkeit sprachlicher Äußerungen im Unterricht sind von überragender Bedeutung für das Lernen. Hattie (2013) berichtet eine Effektstärke von $d = 0.75$, dies entspricht einem sehr hohen Effekt.

**Vier Komponenten von Klarheit nach Helmke (Abb. 9)**

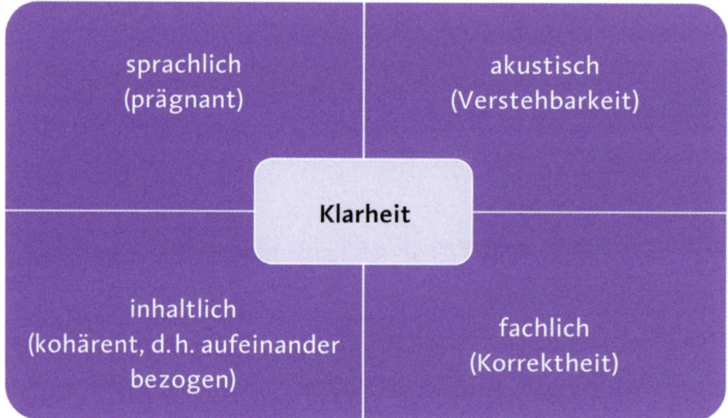


**Abb. 9:** Merkmale unterrichtlicher Klarheit (Helmke 2015)

Vermeiden Sie:

1. Unsicherheits- und Vagheitsausdrücke,
2. inkorrekte Grammatik oder Lexik (z.B. falsch angefangene oder im Nichts endende Sätze, schiefe oder falsche Synonyme),
3. Bruch der Kontinuität (irrelevante Kommentare, falsche, also sachunlogische Präsentation von fachlichen Inhalten),
4. Manierismen, Sprechverzögerungen (z.B. „ähmm", „Okay?", „Ne?", „Gell?", „Hm ... Hm ...").

Bedenken Sie: Sie sind ein Sprachmodell! Sprachliche Klarheit ist auch im schriftlichen Ausdruck (z.B. Arbeitsanweisungen, Übungsaufgaben, formulierte Verfahrensweisen) zu beachten!

Zur Überprüfung, ob Ihr Unterricht den Kriterien von Klarheit und Verständlichkeit entspricht, können Sie folgende Checkliste verwenden. In Zwei-Lehrer-Systemen kann dies – Einvernehmlichkeit und Vertrauen vorausgesetzt – auch in einer gegenseitigen Unterrichtsbeobachtung geschehen.

## Checkliste Klarheit und Verständlichkeit

### Stundenablauf

- ❐ Gab es einen klaren Anfang und ein klares Ende der Stunde/der Phase?
- ❐ War das Ziel der Stunde klar formuliert?
- ❐ War die Struktur der Stunde sach- und fachlogisch (roter Faden)?
- ❐ Waren die Übergänge flüssig und bruchlos?
- ❐ Hat die Lehrperson Strukturierungshilfen gegeben (z.B. Visualisierungen)?
- ❐ Gab es genügend Zeit für Fragen der Schüler?
- ❐ Stimmten verbale und schriftliche Äußerungen überein?
- ❐ Waren die Aussagen der Lehrperson klar und verständlich?

### Sachbezug

- ❐ Waren die Inhalte fachlich korrekt?
- ❐ Passten die Methoden zum Sachinhalt?
- ❐ Passten die Medien zum Sachinhalt?
- ❐ Stand die Stunde in einem sinnvollen Kontext?
- ❐ War das zu erlangende Wissen gut strukturiert?
- ❐ Wurden die Fachbegriffe ausreichend erklärt und geübt?

### Schülerbezug

- ❐ War den Schülern klar, auf was sie in der Stunde zu achten hatten? Gab es transparente Erfolgskriterien?
- ❐ Hat die Lehrperson den Schülern das Ziel der Stunde mitgeteilt?
- ❐ Wussten die Schüler, welche Leistung von ihnen erwartet wurde?
- ❐ Konnten die Schüler ihr Vorwissen einbringen?
- ❐ Wurden die Lernvoraussetzungen der Schüler beachtet?
- ❐ Hat die Lehrperson zusätzliche Lernhilfen zur Verfügung gestellt?
- ❐ Waren die Instruktionen und Arbeitsanweisungen eindeutig?
- ❐ Wurden verschiedene Sinne angesprochen?
- ❐ Wurden die Schüler zur aktiven Mitarbeit angeregt?

### Üben und Vertiefen

- ❐ Wurden Fragen zur Überprüfung des Verstehens gestellt?
- ❐ Gab es ein Zwischenfazit?
- ❐ Gab es eine Phase der Ergebnissicherung?
- ❐ Gab es angeleitete Übungsmöglichkeiten/Wiederholungsschleifen?
- ❐ Wurde selbstständig geübt?
- ❐ Wurde eine Hausaufgabe gestellt?
- ❐ War diese geeignet, um den Lerninhalt zu vertiefen?

### Soziales

- ❐ Wurden verabredete Konsequenzen auch eingehalten (Aktions-Reaktions-Verständnis)?

**Unterrichtsformen**

Bisherige Befunde zeigen, dass offene Unterrichtsformen sich tendenziell vor allem für gute Schüler mit gutem Vorwissen und lernstrategischem Verhalten eignen, während Kinder oder Jugendliche mit Lernschwierigkeiten davon weniger stark profitieren (Lebens/Lauth 2014). Ein sehr stark strukturierter und lehrerzentrierter Unterricht wie die Direkte Instruktion eignet sich vor allem dann, wenn bereichsspezifisches Wissen (z.B. Einmaleins-Reihen, Regeln der Groß- und Kleinschreibung, Graphem-Phonem-Zuordnungen oder aber Lernstrategien) kleinschrittig und stark strukturiert vermittelt werden sollen. Die Schüler lernen dann immer genau das, was curricular gelernt werden soll. Offene Unterrichtsformen sind immer dann zielführend, wenn neben bereichsspezifischem Wissen zusätzlich Metakompetenzen gefördert und eigenverantwortliches Lernen gestärkt werden sollen.

Im Sinne eines gut begründeten Unterrichts zur Förderung von Schülern mit Lernschwierigkeiten erscheint es notwendig, die jeweiligen Akzentuierungen der Methoden in einen engen Zusammenhang mit den definierten Lernzielen zu setzen und Lernfortschritte zu messen.

Dass offene Unterrichtsformen eine langjährige Tradition und weite Verbreitung haben, sollte nicht daran hindern, zur Förderung bei Lernschwierigkeiten ergänzend eine stark strukturierte und lehrerzentrierte Methode zu erproben.

**kooperatives Lernen**

Das Konzept des kooperativen Lernens verknüpft im Dreischritt Einzelerarbeitung, Partner- oder Gruppenarbeit und Präsentation (Think-Pair-Share) und bietet die Möglichkeit, Elemente starker Strukturierung und offenen Unterrichts systematisch zu verbinden. Zusammenfassend bei Hattie (2013) ist die Wirksamkeit des Konzeptes gut belegt. Kooperatives Lernen muss jedoch kleinschrittig eingeführt werden.

*Brüning, L., Saum, T. (2009): Erfolgreich unterrichten durch Kooperatives Lernen. Strategien zur Schüleraktivierung. Band 1. NDS, Essen*

**offener Unterricht**

Offener Unterricht (z.B. Stationen- und Wochenplanarbeit, Entdeckendes Lernen, Projektmethode) hat insbesondere auch im inklusiven Unterricht seinen festen Platz. Er eröffnet Möglichkeiten des selbstgesteuerten Lernens, erleichtert die Binnendifferenzierung und fördert zentrale, auch berufsbezogene Kompetenzen.

Für Schüler mit Lernbeeinträchtigungen und damit auch für die planenden Lehrer bedeutet offener Unterricht jedoch eine besondere Herausforderung. Er stellt in unterschiedlichen Ausprägungen hohe Anforderungen an die metakognitive Steuerung. Arbeitsprozesse müssen durch die Schüler eigenständig geplant, strukturiert, modifiziert und kontrolliert werden.

Fehlentwicklungen vermeiden

Nur so können die beabsichtigten Lernziele erreicht und Fehlentwicklungen vermieden werden. Gleichzeitig bietet offener Unterricht auch Ansätze für tutorielle Förderung. Um den Lernvoraussetzungen von Schülern mit Lernbeeinträchtigungen im offenen Unterricht gerecht werden zu können, sind viele in diesem Band beschriebene Aspekte der Klassenführung, Strukturierung, Reduktion von Aufgabenkomplexität, sprachlichen Klarheit usw. zu berücksichtigen. Sonst besteht die Gefahr, dass im offenen Unterricht der Anteil aktiver Lernzeit zu kurz kommt und ein Kompetenzzuwachs nicht systematisch, sondern im besten Fall eher zufällig erreicht wird.

Kontrollieren Sie in offenen Unterrichtsformen besonders engmaschig den Lernfortschritt der Schüler mit Lernbeeinträchtigungen.

Direkte Instruktion

Die Direkte Instruktion (auch explizite oder systematische Instruktion) weist wesentliche Überschneidungen zum Konzept der Komplexitätsreduktion auf. Sie ist ausreichend empirisch abgesichert (Lebens/Lauth 2014), im Charakter eine Unterrichts- und keine Trainingsmethode und in deutschsprachigen Schulen noch wenig bekannt. Im wissenschaftlichen Kontext wird sie gerade wegen der großen Effekte bei Schülern mit Lernschwierigkeiten verstärkt empfohlen. Videobeispiele und Tutorials gibt es bisher aber nur auf Englisch, da die Methode vor allem in den USA entwickelt, evaluiert und eingesetzt wurde und wird.

Die Methode Direkte Instruktion fokussiert auf die Vermittlung bereichsspezifischen Wissens in fachlichen und überfachlichen Zielkontexten (z.B. Strategievermittlung). Auf theoretischer Ebene basiert sie auf den Erkenntnissen der Lern- und Gedächtnisforschung, insbesondere dem Kognitivismus und den Erkenntnissen zu gestörten bzw. erschwerten Lern- und Gedächtnisprozessen. Indiziert ist sie bei allen Arten von Lernschwierigkeiten.

**Ziele und Schlüsselmerkmale Direkter Instruktion:**

- Grundkenntnisse bis zur sicheren Verfügbarkeit (!) einüben: Lücken im Vorwissen schließen!
- Zentrale Lernziele direkt, ohne Umwege, ansteuern: überflüssige Lernaufgaben streichen!
- Das zentrale Lernverhalten der Schüler unmittelbar und explizit steuern!

Durch diese Prinzipien werden die kognitiven Systeme der Schüler entlastet. Die dafür notwendige Aufbereitung des Lernstoffes sollte folgende Merkmale aufweisen (Grünke 2006; Swanson 2001):

- ausgearbeitete Lösungsbeispiele, die effektive Lösungsstrategien vorgeben,
- hochstrukturiertes (von leicht nach schwer) und planvolles Arbeiten unter sehr enger Führung durch die Lehrkraft, Fortschreiten nur dann, wenn Lernerfolge sichtbar werden,
- die sehr enge Anleitung zu Beginn der Intervention (sukzessive abnehmend), die Lehrkraft fungiert als Modell,
- starke Fokussierung auf zunächst automatisiertes Üben, später eigenständiges Üben,
- Steuerung des Lehr-, Lernprozesses durch präzise und unmittelbare Rückmeldungen (Fehler werden sofort korrigiert, richtige Lösungen verstärkt),
- Kontrolle des Lernfortschrittes,
- Aufgabe wird in übersichtliche Teilschritte zergliedert,
- Lernstand wird überprüft,
- wiederholte Feedbackschleifen,
- selbstständiges Üben/individuell adaptierbare Instruktion,
- Bilder und Grafiken zur Veranschaulichung von Sachverhalten,
- Strukturierung der Stunde in einfachere Phasen,
- Vermittlung von Inhalten in Kleingruppen,
- Modellierung der Inhalte durch die Lehrkraft,
- zügige Bearbeitung vorbereiteter Unterrichtsmaterialien,
- individuelle direkte Unterstützung,
- Rückfragen zur Erfassung von Lernständen,
- Inhalte durch die Lehrkraft dargeboten bzw. vorgemacht.

Im Kontext individueller Förderung werden die Aufgabenschwierigkeit, deren Komplexität und die individuellen Hilfen auf Grundlage von Lernausgangslage (Vorwissen) und Lernfortschritt angepasst.

Diese Paradigmen bzw. Schlüsselmerkmale Direkter Instruktion betonen den Beitrag und die Verantwortung der Lehrkraft für erfolgreiche Lernprozesse der Schüler. Hierin unterscheidet sich die Direkte Instruktion von schülerorientierten Methoden (z.B. entdeckendes Lernen oder Projektunterricht).

*Archer, A.L., Hughes, Ch.A. (2011): Explicit instruction. Effective and efficient training. The Guilford Press. New York/London*

*Lebens, M., Lauth, G.W. (2014): Direkte Instruktion. In: Lauth, G.W., Grünke, M., Brunstein, J.C. (2014) (Hrsg.): Interventionen bei Lernstörungen. Hogrefe, Göttingen, 418–428*

*http://www.nifdi.org (10.5.2016)*

## 3.2 Meta-Ebene und Strategiewissen

Was unterscheidet erfolgreiche von weniger erfolgreichen Lernern? Tabelle 3 gibt hierüber Aufschluss.

**gute und schlechte Lerner**

Tab. 3: Vergleich erfolgreicher und wenig erfolgreicher Lerner (nach Lauth et al. 2014)

| erfolgreiche Lerner | weniger erfolgreiche Lerner |
|---|---|
| ▪ sind bewusste, metakognitiv aktive Lerner<br>▪ nutzen Selbstanweisungen<br>▪ formulieren eigene Fragen<br>▪ überwachen ihre Lernfortschritte<br>▪ regulieren ihre Motivation<br>▪ beachten auftauchende Emotionen<br>▪ kontrollieren impulsive Handlungstendenzen<br>▪ kennen zahlreiche Lernstrategien<br>▪ setzen diese bewusst ein<br>▪ verfügen über ein breites und vernetztes Fachwissen<br>▪ reflektieren die Wirksamkeit des Lernprozesses<br>▪ vertrauen darauf, neue Fähigkeiten erwerben zu können<br>▪ glauben an die Nützlichkeit eigener Anstrengungen<br>▪ interpretieren Fehler angstfrei | ▪ verwenden weniger Zeit für das Lernen<br>▪ geben sich weniger Mühe, die Lernaufgabe zu verstehen<br>▪ erforderliches Vorwissen fehlt<br>▪ finden seltener unmittelbar Lösungsmöglichkeiten<br>▪ haben eine aufgrund negativer Vorerfahrungen geringere Lernmotivation<br>▪ lernen eher peripher, also nur, wenn sie dazu genötigt werden<br>▪ kennen kaum wirksame Strategien<br>▪ wissen nicht, wann sie diese anwenden sollen<br>▪ überwachen ihr eigenes Lernen kaum<br>▪ bemerken Fehlentwicklungen nicht<br>▪ sind gerade bei neuen und komplexen Aufgaben überfordert<br>▪ lernen zunehmend unsystematisch und zufallsgesteuert<br>▪ sind zunehmend entmutigt und vermeiden Lernsituationen |

Empirische Befunde weisen darauf hin, dass die Speicherstrukturen und die damit verbundenen weitgehend automatisierten Verarbeitungsprozesse mit geringer mentaler Beanspruchung keinen maßgeblichen Erklärungsansatz für generalisierte Lernschwierigkeiten liefern. Anders verhält es sich mit der Kontrolle von Verarbeitungsprozessen. Diese können die Lernschwierigkeiten bedingen.

Als bedeutsame Wirkfaktoren bei Kindern und Jugendlichen mit unauffälligen Lernleistungen gelten:

**Wirkfaktoren bei unauffälligen Lernleistungen**

- Metagedächtnis,
- Arbeitsgedächtnis,
- Strategiegebrauch und
- Vorwissen.

In allen vier Bereichen zeigen Kinder mit generalisierten Lernschwierigkeiten Besonderheiten.

**Meta-Gedächtnis**

Das mangelnde Wissen lernbeeinträchtigter Kinder über die Anwendung von Gedächtnisstrategien wird u.a. mit Begrenzungen des Metagedächtnisses (prozedural und deklarativ) in Verbindung gebracht. So sind Lernbehinderte weniger sensibel, wenn es um die Begrenzungen des eigenen Gedächtnisses geht; sie wissen wenig über Strategien zur Steigerung der Gedächtnisleistung und können komplexere Aspekte des Strategiegebrauchs nicht adäquat der Situation bzw. Aufgabe anpassen.

**Kurzzeitgedächtnis und Arbeitsspeicher**

Im Kontext der Kapazität von Kurzzeit- und Arbeitsspeicher ist auch die Cognitive Load Theory nach Sweller (1988; 2005) entstanden. Diese geht von einer übergroßen kognitiven Belastung bei lerngestörten und lernschwachen Kindern aus. Unter dieser Belastung leidet insbesondere die Ressource des Arbeitsgedächtnisses, da diese Schüler grundlegendes Wissen nicht einfach abrufen, sondern fehlerbehaftet herleiten müssen. Die schriftliche Multiplikation wird bei unzureichender automatisierter Kenntnis des kleinen Einmaleins zu einer sehr komplexen Anforderung, da nicht nur prozedurales Wissen erworben und angewendet werden muss; parallel ist eine zusätzliche Rechenleistung zu erbringen. Zusätzlich können unklare Lernaufgaben die lernschwachen Kinder in besonderem Maße belasten, da mangelnde Strategien oder widersprüchliche Anforderungen Gedächtnisressourcen zusätzlich beeinträchtigen.

**Aufgabe:**

Sie möchten sich eine Telefonnummer merken, haben aber gerade keinen Stift zur Hand. Welche Strategie wenden Sie an, um die Nummer nicht zu vergessen, bis Sie sie notieren können? Den Fachbegriff finden Sie im Kasten zu den Memotechniken am Ende des Kapitels 3.2 erklärt!

**Lern- und Gedächtnisstrategien**

Interventionsansätze im Kontext der Förderung von Lern- und Gedächtnisleistungen stehen häufig in der Tradition des Kognitivismus. Gemeinsames Ziel dieser Ansätze ist es, Lern- und Gedächtnisstrategien zu vermitteln und deren Anwendung in Transfersituationen anzubahnen. Schüler sollen zu Lernexperten werden. Darüber hinaus ist die Vermittlung bereichsspezifischen deklarativen Wissens Gegenstand verschiedener Interventionen. Neben der Vermittlung neuen Wissens ist dessen Integration in bereits vorhandenes Wissen das Ziel.

Nicht alle evaluierten Interventionsverfahren sind in ihrer Wirkung im Kontext des Klassenunterrichtes ausreichend erforscht. Für die Förderung kognitiver Kompetenzen lernschwacher Schüler im Unterricht (in Abgrenzung zum Förderunterricht in Kleingruppen oder der Einzelfallförderung) sollte jedoch darauf geachtet werden, dass lernwirksame Prinzipien der Lern- und Gedächtnisforschung nicht missachtet bzw. bei der Unterrichtsplanung berücksichtigt werden. Zudem gibt es Hinweise, dass auch unauffällige Schüler von den gleichen Interventionen profitieren können (Hattie 2013).

**Vermittlung bereichsspezifischen Wissens**

Interventionen, die bei der Vermittlung bereichsspezifischen Wissens wirksam sind, gibt es insbesondere bei der Vermittlung von Lese- und Schreib- bzw. mathematischen Kompetenzen in ausreichender Zahl. Interventionen mit generellem, nicht fachspezifischem Charakter sind:

- Ansätze zur Reduktion von Komplexität und Ermöglichung kontinuierlicher Fortschritte,
- Direkte Instruktion und
- tutorielles Lernen.

Inhalte, die bedeutungshaltig, anschaulich und konkret sind, können leichter gelernt werden als bedeutungsarme, sehr abstrakte und unanschauliche. Versuchen Sie, dies bei der Planung zu berücksichtigen. Beachten Sie dabei, dass viele Schüler mit Lernbeeinträchtigungen aus bildungsfernen Haushalten kommen und eine andere Lebenswirklichkeit als Sie selbst haben.

Bei der Planung von Unterricht bzw. der Nutzung und Erstellung von Unterrichtsmaterialien muss den Lernvoraussetzungen von Schülern mit Lernschwierigkeiten besondere Aufmerksamkeit zukommen. Häufig berücksichtigen zur Verfügung stehende Lernmaterialen die Lernvoraussetzungen von Schülern mit Lernschwierigkeiten noch zu wenig.

**Reduzierung von Komplexität**

Reduzierung der Komplexität wird erreicht durch:

- Fokussierung auf nur ein Ziel,
- Staffelung des Lernens nach Schwierigkeiten und
- Beschränkung von Informationen auf das Wesentliche.

Lauth und Brack (2014) nennen zur Verdeutlichung beispielhaft ein französisches und ein deutsches Kind, die sich wechselseitig die Bedeutung des Wortes „Haus“ bzw. „maison“ beibringen möchten (Ziel). Zunächst zeigt das französische Kind auf ein Haus und nennt das Wort „maison“. Dieser Vorgang wiederholt sich mehrfach, ohne dass bereits ein komplexer Satz wiederholt wird oder erklärende Informationen über die Wortbedeutung oder -herkunft gegeben werden (Beschränkung auf das Wesentliche). Im Anschluss ist dann die komplexere Aufgabe des Abschreibens zu bewältigen (Staffelung).

Eingesetzt wird die Methode zunehmend zur Förderung bzw. Kompensation inhaltsbezogener Lernrückstände (Rechen- und Lesefertigkeiten, Rechtschreibkenntnisse, sinnverstehendes Lesen). Dabei wird das Schwierigkeitsniveau so weit abgesenkt, dass eine anschlussfähige Wissensbasis entsteht. Erst bei eindeutigen Lernfortschritten wird die Komplexität erhöht. Zentrale Merkmale der Förderung sind:

- Das Lernangebot wird auf charakteristische Reizmerkmale reduziert.
- Die Inhalte werden auf die Verarbeitungsmöglichkeiten des Kindes abgestimmt.

- Es gibt möglichst keine zusätzlichen Erklärungen über das Lernangebot der Übungsaufgaben hinaus.
- Das Üben steht im Vordergrund.
- Das Lernen muss sichtbar werden, Fehler werden sofort korrigiert.

Memotechniken

Die folgenden Memotechniken sind Strategien, die Gedächtnisprozesse unterstützen.

**Das Gedächtnis anregende Prozesse:**

- Erhaltendes Wiederholen (Rehearsal): Ermuntern Sie Ihre Schüler zu einschleifenden Wiederholungen des zu behaltenden Gegenstandes (z.B. Nummer, Merksatz, Regel).
- Enkodierung und Elaboration: Erleichtern Sie das Einprägen (Encodieren) von Lernstoff, indem Sie mit dem Unterrichtsmaterial bildhafte Assoziationen (Elaboration) anbieten oder die Schüler dazu ermuntern.
- Ordnung und Struktur: Ordnen und strukturieren Sie die Materialen bzw. den Arbeitsauftrag. Visualisieren Sie ggf. durch eine Zeichnung.
- Chunking: Chunking ist ein Prozess, in dem Informationen nach bestimmten Kriterien gruppiert werden. Sicherlich kennen Sie alle die Schwierigkeit, die 22-stellige IBAN in das Onlineformular zu übertragen, insbesondere wenn die Ziffern der Kontoverbindung nicht gruppiert sind. Chunking ist dann eine Möglichkeit, die Informationen möglichst fehlerfrei zu übertragen und das Kurzzeitgedächtnis nicht zu überfordern.

*Büttner, G., Mähler, M. (2014): Förderung von Gedächtnisprozessen (Gedächtnistraining). In: Lauth, G.W., Grünke, M., Brunstein, J.C. (2014): Interventionen bei Lernstörungen. Förderung, Training und Therapie in der Praxis. Hogrefe, Göttingen, 299–309*

## 3.3 Organisatorische Rahmenbedingungen

Schüler mit Lernbeeinträchtigungen benötigen mehr Zeit und mehr Aufmerksamkeit, um zu angemessenen Lernerfolgen zu kommen. Wie in Abbildung 10 zu erkennen, gibt es eine Reihe von potenziell negativen Einflüssen, die es möglichst zu vermindern gilt, und positive Einflüsse, die gestärkt werden sollten.

So ist es in einer großen, sehr heterogenen Klasse mit vielen Kindern mit Unterstützungsbedarf besonders schwierig, jedem Kind gerecht zu werden. Schnell kommt es hier zu Situationen, in denen Schüler unbeschäftigt sind und sich langweilen. Der Geräuschpegel steigt an, weil diese Schüler Alternativbeschäftigungen nachgehen oder sich unterhalten, was Konzentration, Lernfähigkeit und -bereitschaft vor allem von Kindern mit Lernbeeinträchtigungen mindert. Ein ungünstiger Betreuungsschlüssel erschwert die

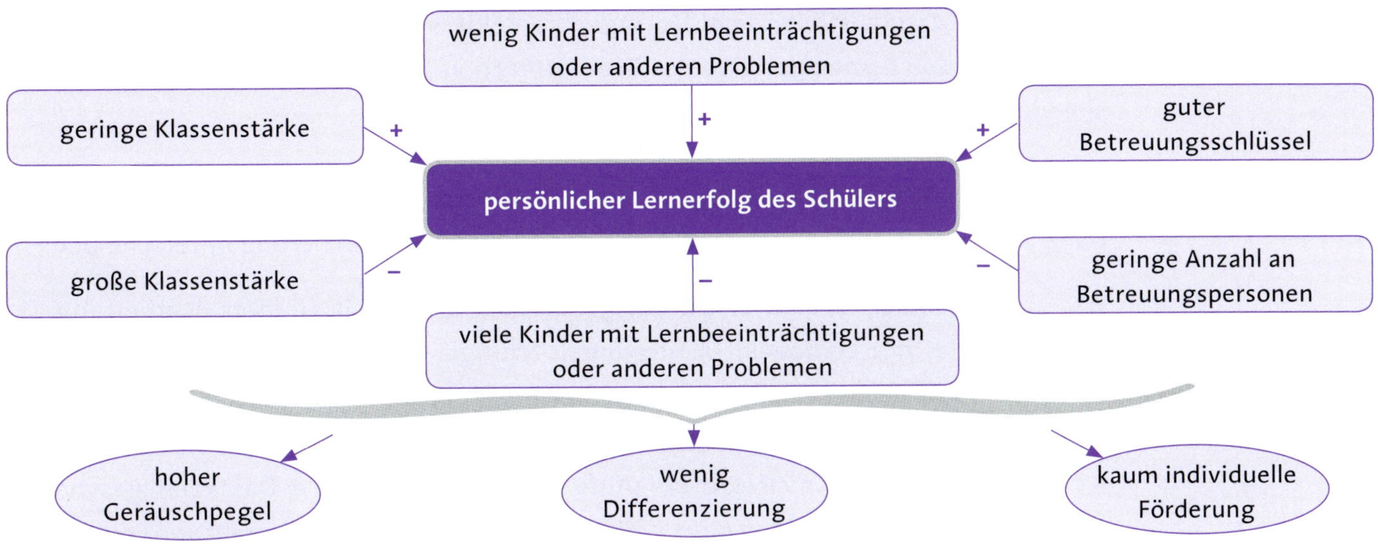


**Abb. 10:** Einflussgrößen der Unterrichtsqualität

äußere und innere Differenzierung. Lehrpersonen orientieren sich dann häufig an einem fiktiven Durchschnittsschüler und können den individuellen Bedürfnissen nicht mehr gerecht werden.

Hierzu einige Empfehlungen:

- Die Klassenstärke sollte möglichst geringer sein als in Klassen, die keine Schüler mit besonderem Förderbedarf haben.
- Sinnvoll ist ein Zwei-Lehrer-System (z. B. in Form des Team-Teachings).

**Zwei-Lehrer-System**

Im Zwei-Lehrer-System können Maßnahmen sowohl zur äußeren als auch inneren Differenzierung getroffen werden. Bei der äußeren Differenzierung werden Schüler, die Schwierigkeiten in einem bestimmten Themengebiet haben, zeitweilig separat in einem abgetrennten Raum unterrichtet. Bei der inneren Differenzierung sind alle Schüler im gleichen Raum, erhalten aber auf ihr Lernniveau und ihre Lernbedürfnisse abgestimmtes Material.

**Sitzplatz**

Nicht unerheblich ist auch die Wahl des Sitzplatzes für einen Schüler mit Lernbeeinträchtigungen. Da häufig gleichzeitig Aufmerksamkeitsprobleme vorhanden sind, sollte er möglichst weit vorne sitzen, mit dem Rücken zum Fenster oder anderen Orten, die ein erhöhtes Ablenkungspotenzial bieten.

Hierzu einige Empfehlungen:

- Der Sitzplatz sollte für Lehrpersonen leicht erreichbar sein, damit diese bei Bedarf schnell helfen können.
- Ebenso sinnvoll ist die Nähe von starken Schülern, die den Schüler mit Lernschwierigkeiten unterstützen können.

Mit Unterstützung ist hier nicht Vorsagen gemeint, sondern das Aufzeigen von erfolgversprechenden Lernwegen und das Beantworten von Verständnisfragen. Die entsprechenden Schüler müssen also gut ausgewählt werden.

**innere Differenzierung**

Differenzierung ist ein wichtiges Kriterium für einen gelingenden inklusiven Unterricht. Dabei lassen sich unterschiedliche Arten der inneren Differenzierung unterscheiden:

- Der Schüler erhält weniger Aufgaben oder mehr Zeit zu ihrer Bearbeitung. Da Schüler mit Lernbeeinträchtigungen häufiger nachfragen und/oder insgesamt langsamer oder oberflächlicher arbeiten, stellt dies eine Möglichkeit dar, trotzdem am gleichen Lernstoff zu arbeiten wie die Gesamtgruppe.
- Das Anforderungsniveau der Aufgaben wird verringert. Das kann geschehen durch die Verwendung einer einfacheren Sprache, die Verkürzung von Lesetexten auf die wesentlichen Inhalte oder durch die Zerlegung komplexer Aufgaben in Teilschritte.
- Für die Bewältigung von Aufgaben können Lösungsalgorithmen zur Verfügung gestellt werden. Bei Textaufgaben könnte der Beginn eines solchen Algorithmus lauten: „Gehe so vor: Lies die Aufgabe genau durch. Unterstreiche die Angaben, die du zur Lösung der Aufgabe benötigst."

**Sozialform**

Es kann bezüglich der Sozialform differenziert werden. Je nach Schwerpunkt der Lernbeeinträchtigung ist evtl. statt einer Gruppenarbeit die Partnerarbeit sinnvoller oder statt Einzelarbeit ein Peer-Teaching, bei dem ein stärkerer dem schwächeren Schüler unterstützend und erklärend zur Seite steht und die Rolle eines Lehrers übernimmt.

**Tippkarten**

Eine Differenzierung ist auch möglich durch das Bereitstellen unterschiedlicher Hilfen. Einige Schüler benötigen vielleicht nur einen kleinen Hinweis, um auf den richtigen Lösungsweg zu gelangen, bei anderen müssen die Hilfen umfangreicher sein. Hierzu können z.B. Tippkarten (Abb. 11) verwendet werden.

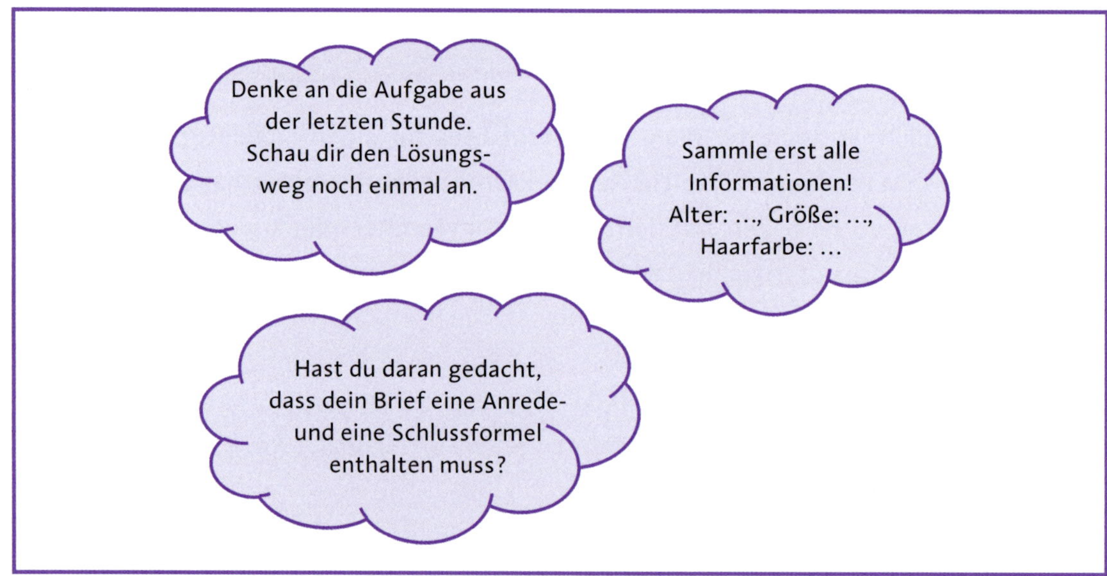


**Abb. 11:** Tippkarten als Hilfe

## 3.4 Sprachverstehen

zentrale Bedeutung von Sprache

Im Unterricht spielt die Sprache eine ganz entscheidende Rolle. Sie ist einerseits Unterrichtsinhalt (z.B. im Fach Deutsch) und andererseits auch Medium zur Vermittlung von Fachinhalten. Ohne ausreichende Sprachkenntnisse können Schüler dem Unterricht nicht so folgen, wie es für ihren Lernfortschritt notwendig wäre.

Zu unterscheiden sind hier im Wesentlichen zwei Sprachebenen. So können sich z.B. auch Schüler mit Lernbeeinträchtigungen problemlos mit ihren Mitschülern in der Pause unterhalten. Sie beherrschen die Alltagssprache. Kennzeichen dieser Sprachebene sind die Ausrichtung auf die soziale Umgebung, der Wortschatz, der nicht besonders differenziert sein muss, um verstanden zu werden, und der einfache Satzbau, vielfach auch mit unvollständigen Sätzen. Der Sprecher hat die Möglichkeit, Dinge zu zeigen, wenn der Name unbekannt ist, oder durch Mimik, Gestik und Tonfall zu verdeutlichen, was das Anliegen ist. Die Alltagssprache ist konzeptionell mündlich ausgerichtet.

Bildungssprache

Im Unterricht reicht diese Sprachebene nicht aus. Hier muss der Schüler die Bildungssprache beherrschen. Deren Merkmale sind z.B. verschachtelte Sätze, Passivformen, Nominalisierungen, fachsprachliche Bezeichnungen, Komposita, Wörter mit kontextabhängiger Bedeutungsvielfalt (z.B. Birne als Frucht oder Glühbirne). Der in bildungssprachlichen Kontexten verwendete Wortschatz ist wesentlich umfangreicher und differenzierter, als dies in der Alltagssprache notwendig ist. Bildungssprache dient der Verständigung über die unmittelbare Umgebung hinaus und ist konzeptionell schriftsprachlich orientiert.

Viele Schüler mit Lernbeeinträchtigungen haben im Bereich der Bildungssprache große Probleme. Sie benötigen Hilfen, um Texte oder mündlich gegebene Beiträge zu verstehen.

Anpassung Sprachniveau

Dabei reicht es nicht, eine Aufgabenstellung noch einmal laut vorzulesen oder vorlesen zu lassen. Wichtig ist hier die Anpassung von Wortwahl und Satzbau an das jeweilige Sprachniveau des Schülers. Komplexe Satzgebilde sollten also in einfach strukturierte Hauptsätze umgewandelt werden.

Visualisierungen

Hilfreich sind auch Visualisierungen z.B. in Form von Piktogrammen für häufig verwendete Arbeitsaufträge (eine Brille für „Lesen“, ein Stift für „Schreiben“) oder Bilder, die den Ablauf eines Experimentes oder den Inhalt des Textes verdeutlichen. Weitere Hinweise und Beispiele befinden sich in Kapitel 5.

Bei Unterrichtsgesprächen dient der Lehrer einerseits als Sprachvorbild, andererseits auch als Mittler zwischen den Schülern. Schüler mit Lernbeeinträchtigungen benötigen in Unterrichtsgesprächen und Diskussionen häufig mehr Zeit, um ihre Gedanken zu formulieren und Fragen zu beantworten. Hier ist es die Aufgabe des Lehrers, ausreichend lange zu warten und ggf. Formulierungshilfen anzubieten (Abb. 12).

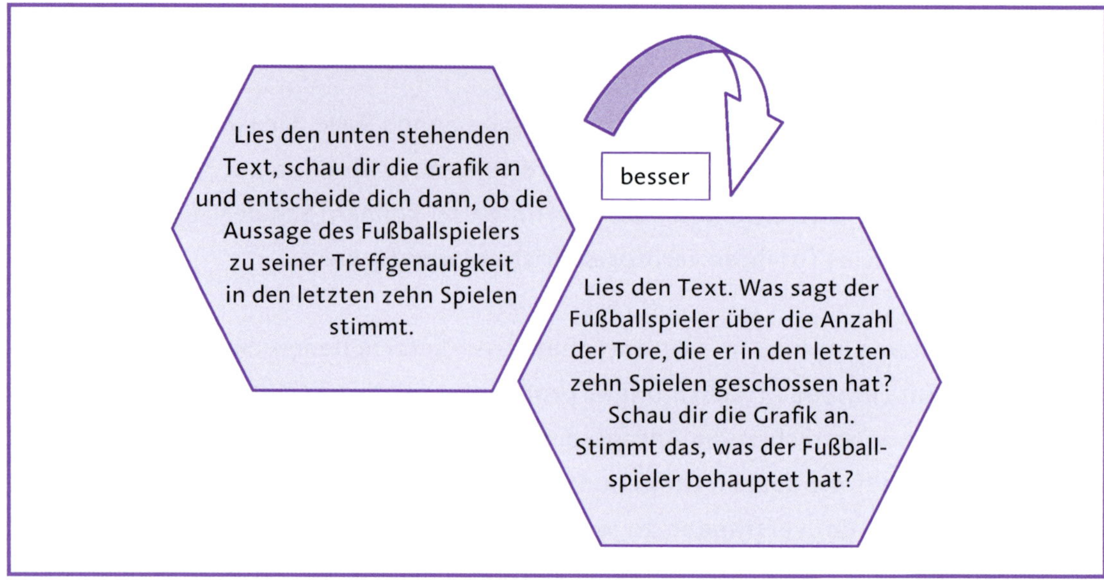


**Abb. 12:** Beispielhafte Niveaureduktion in der Sprache bei einem Arbeitsauftrag

**vereinfachte Sprache**

Zur Sicherung des Verständnisses sollten komplexe Schülerbeiträge in vereinfachter Sprache wiederholt werden. Günstig sind auch Nachfragen nach dem Prinzip: „Gib mit eigenen Worten wieder, was Klaus gesagt hat." Oder: „Erzähle mir, was du jetzt genau tun sollst." Die Frage „Hast du das verstanden?" ist hingegen weniger hilfreich, da der Lehrer hierbei nicht überprüfen kann, ob der Schüler tatsächlich verstanden hat.

Schülern mit Lernbeeinträchtigung fällt es oft schwer, ihre Aufmerksamkeit über einen längeren Zeitraum aufrecht zu halten. Zusammenfassungen in regelmäßigen Abständen helfen ihnen, bei der Sache zu bleiben.

Diese Zusammenfassungen können durch die Lehrperson erfolgen oder durch starke Schüler, die die wesentlichen Aspekte eines Themas erfasst haben. Auch schwache Schüler können einen Beitrag leisten (z.B. Zusammenfassungen zu einzelnen Teilaspekten formulieren). Verstärkt wird der Effekt, wenn die Hauptaspekte auch schriftlich festgehalten werden (z.B. an der Tafel, auf Plakaten, Folien).

Hierzu einige Empfehlungen:

- Texte mit komplexem Aufbau sollten vereinfacht und dem Sprachniveau der Schüler angepasst werden.
- Eine klare und deutliche Lehrersprache dient als Sprachvorbild.
- Aufgabenstellungen mit einfachen, kurzen Hauptsätzen helfen den Schülern beim Verständnis.
- Visualisierungen wie Piktogramme und Bilder unterstützen die Aussagen eines Textes.
- Bei Fragen und in Diskussionen benötigen die Schüler ausreichend Zeit, um ihre Gedanken zu sammeln und eine Antwort zu formulieren.

- Zur Sicherung des Verständnisses sind Nachfragen der Lehrperson geeignet. Diese sollten sich nicht auf das Wiederholen von Aussagen durch den Schüler beschränken, sondern so formuliert sein, dass sie auch tatsächlich das Verständnis überprüfen.
- Sind Schüleraussagen oder Diskussionsbeiträge sehr komplex, kann die Lehrperson diese in vereinfachter Sprache wiederholen.
- Hilfreich sind regelmäßige Zusammenfassungen durch die Lehrperson oder durch Schüler, wenn möglich mit medialer Unterstützung (z. B. Tafel, Plakate).

## 3.5 Aufmerksamkeit und Ermüdung

**Bedeutung von Konzentration**

Neben Vorwissen, angemessenem Instruktionsverständnis, funktionierenden Gedächtnisprozessen und motivationalen Aspekten spielen Aufmerksamkeit und Konzentration eine wichtige Rolle für Lernprozesse.

Auf der einen Seite können Schüler ihre Aufmerksamkeit bewusst steuern, indem sie ihre Sinne auf ein bestimmtes Ereignis oder eine Aufgabe ausrichten. Auf der anderen Seite kann Aufmerksamkeit auch unwillkürlich durch Ereignisse in der Umwelt erregt werden. Für den Unterricht ist es wichtig, dass die Schüler ihre Aufmerksamkeit über einen längeren Zeitraum auf den Lerngegenstand richten können. Werden sie abgelenkt oder sind sie unaufmerksam, können Lernprozesse nicht mehr optimal ablaufen und es kommt zu schulischen Minderleistungen. Nach Naumann und Lauth (2007) lassen sich fünf Komponenten der Aufmerksamkeit unterscheiden, die im Unterricht eine Rolle spielen:

1. **Verhaltenshemmung:** Hier ist der Schüler konzentriert und nimmt Gespräche am Nachbartisch oder andere Geräusche nur noch gedämpft wahr.
2. **Regulation der geistigen Wachheit:** Je nach Schwierigkeit der Aufgabe und Automatisierungsgrad erfordern Lernsituationen ein unterschiedliches Ausmaß an geistiger Wachheit, die der Schüler entsprechend steuern muss.
3. **Handlungssicherheit:** Je sicherer ein Schüler eine Handlung ausführen kann, desto weniger ist sie für Störungen anfällig.
4. **Handlungssteuerung durch Informationsauswahl:** Schüler richten ihre Auswahlprozesse an den Erfahrungen aus, die sie bereits gemacht haben (Welche Schritte haben mich der Lösung schon einmal näher gebracht?).
5. **Handlungsplanung:** Hierbei bringen Schüler ihre bereits vorhandenen Fertigkeiten in eine sinnvolle und häufig neue Reihenfolge.

**Konzentrationsmangel**

Schüler mit Lernbeeinträchtigungen haben vor allem Schwierigkeiten, ihre Aufmerksamkeit über einen längeren Zeitraum aufrecht zu erhalten und aus dem Informationsstrom die wesentlichen Informationen herauszufiltern und für ihre Handlungsplanung zu nutzen.

Die Abgelenktheit eines Schülers kann ganz unterschiedliche Ursachen haben. So verhindert Angst die willkürliche Ausrichtung von Aufmerksamkeit auf den Unterricht. Auch innere Reize wie Hunger können ablenken. Da viele Schüler ohne ein ausreichendes Frühstück in die Schule kommen, bietet sich hier evtl. ein gemeinsames Frühstück an, bevor der Unterricht beginnt. Der Aufmerksamkeitsfokus wechselt ebenfalls, wenn für Schüler bedeutsame Reize in der Umwelt auftauchen (z. B. etwas, was sie interessiert oder was sich von den Grundreizen abhebt). Letzteren Effekt kann man sich als Lehrperson zunutze machen und durch z. B. Pegelsprünge die Aufmerksamkeit auf sich ziehen. Dies kann eine plötzliche Änderung der Lautstärke sein (sowohl ein kurzes Laut-Werden als auch eine plötzliche Stille oder ein Absinken der Stimme zeigen hier Wirkung) oder auch ein Regelbruch. Dabei verhält sich die Lehrperson anders als es normalerweise den Regeln entspricht (kaut z. B. Kaugummi oder legt die Füße auf den Tisch).

Aufmerksamkeitsprozesse sind grundsätzlich durch Lernen beeinflussbar. Dabei hilft es den Schülern, wenn der Lehrer rasch eingreift, wenn die Konzentration schwindet, und entsprechende Hilfen anbietet, die den Schüler wieder zurück zum Unterrichtsgegenstand führen (z. B. direkte Ansprache, kurzes Berühren am Arm, Hinweis auf Hilfsmittel).

Hierzu einige Empfehlungen:

- Leicht ablenkbare Schüler sitzen am besten in Pultnähe, sodass die Lehrperson bei Bedarf rasch eingreifen kann. Ein Platz mit dem Rücken zum Fenster vermindert daneben störende Außenreize.
- Eine angstfreie, positive Klassenatmosphäre hilft den Schülern, bei der Sache zu bleiben.
- Ein klar strukturierter Unterricht, unterstützt durch immer wiederkehrende Rituale, erleichtert die individuelle Lernplanung durch den Schüler.
- Wenige Verhaltensregeln, deren Einhaltung konsequent eingefordert wird, bieten Struktur und Orientierung (z. B. beginnt der Schüler in Stillarbeitsphasen unverzüglich mit der Arbeit und achtet darauf, dass ihn niemand stört).
- Die Lehrperson setzt vorher vereinbarte Handzeichen zur Fokussierung der Aufmerksamkeit ein und hält den Blickkontakt während wichtiger Ansagen aufrecht.
- Das Aufrechterhalten von Aufmerksamkeit ist gerade für Schüler mit Problemen in diesem Bereich sehr anstrengend. Hier haben sich regelmäßige kurze Erholungspausen bewährt.
- Strategien der Informationsentnahme (z. B. selbstgerichtete Fragen), Problemlösestrategien und solche zur Handlungsplanung (Aufgliederung von Aufgaben in Teilschritte, Zeiteinteilung) lassen sich explizit unterrichten. Ermuntern Sie zudem Schüler, die erfolgreich Strategien anwenden, ihr Vorgehen laut zu beschreiben.

- Automatisierung von Abläufen oder beim Anwenden von Fachwissen schafft Kapazitäten für andere gedankliche Prozesse.
- Aufmerksamkeitsrelevante Aufgaben (z.B. Beobachten, Beschreiben und Vergleichen) lassen sich in den Unterricht einbauen.
- Selbstanweisungen (z.B. „Halt! Habe ich alle Informationen für die Weiterarbeit zusammen?“, „Ich lese die Aufgabenstellung sorgfältig durch.“, „Ich bearbeite die Aufgaben Schritt für Schritt.“) können Schüler als Erinnerungskärtchen in ihre Mappe einheften oder auf den Tisch kleben.

Nicht zuletzt bietet es sich an, ein Mitteilungsheft zu führen. Hier lassen sich die Fortschritte beispielsweise mithilfe eines Punktesystems dokumentieren und unter Einbezug der Eltern honorieren.

## 3.6 Sozial-emotionaler Bereich

Im Gegensatz zur Lernentwicklung, wo eine leichte Überlegenheit inklusiver Ansätze gegenüber der Beschulung an der Förderschule angenommen wird, ist dem Thema soziale Akzeptanz und Selbstwirksamkeit von Schülern mit dem Förderschwerpunkt Lernen in inklusiven Kontexten besondere Aufmerksamkeit zu widmen.

**sozialer Vergleich**

Der soziale Vergleich kann, insbesondere mit zunehmendem Alter, zu einer Belastung der betroffenen Schüler führen. In diesem Zusammenhang sind Attribuierungstrainings sinnvoll, da Schüler mit Lernschwierigkeiten dazu neigen, Lernmisserfolge sich selbst (z.B.: „Ich bin ja eh zu dumm dafür.“) und Lernerfolge äußeren Umständen zuzuschreiben (z.B.: „Die Aufgabe war ja leicht!“). In extremen Fällen verwenden Schüler mit Lernbeeinträchtigungen viel Energie darauf, nicht entdeckt zu werden. So verweigern sie differenzierte Materialien und individuelle Unterstützung. Hier kann auch der Wechsel von der Primar- in die Sekundarstufe Chance und Risiko zugleich sein.

**regelkonformes Verhalten**

Regelkonformes Verhalten wird auch dadurch erschwert, dass eine kontinuierliche schulische Überforderung die Gefahr von Frustration und Resignation bewirken kann. Intervention und Förderung sollten dies berücksichtigen. Allerdings sei hier auch auf die Konzepte des Fachbereichs Emotionale und soziale Entwicklung verwiesen.

Memo

## Reflektiertes Lehrerhandeln im Unterricht

- Geben Sie betroffenen Schülern positives, unmittelbares und konkretes Feedback (z.B.: „Das hast du gut gemacht, weil…") statt einfach nur: „Gut!"

- Ermöglichen Sie durch differenziertes und gut strukturiertes Lern- und Übungsmaterial Lernerfolge.

- Stellen Sie Fragen in einfacher Sprache, geben Sie ggf. individuelle Hilfe und warten Sie bei Fragen lange genug, um allen Schülern Gelegenheit zur Antwort zu geben (und nicht nur den leistungsstarken, die in der Regel das Unterrichtsgespräch dominieren).

- Aber: Melden sich Schüler mit Lernschwierigkeiten bei schwierigen Aufgaben sehr schnell, müssen Sie einschätzen, ob die Meldung reflektiert geschieht. Andernfalls droht eine „Blamage".

- Planen Sie tutorielle Phasen. Nicht alle Mitschüler sind sozial kompetent genug, um Schüler mit Schwierigkeiten in ihren Lernbemühungen zu unterstützen.

- Nutzen Sie die Möglichkeiten innerer und äußerer Differenzierung zur Ermöglichung von Lernerfolgen.

- Übertragen Sie leistbare Aufgaben für die Klassengemeinschaft an Schüler mit Lernschwierigkeiten bzw. leiten Sie diese zunächst an (z.B. Klassendienste, Rollen in kooperativen Arbeitsphasen wie Zeitwächter).

- Zusammenfassend: Geben Sie den Schülern Raum, Zeit und Gelegenheit, um sich als selbstwirksam („Ich kann das schaffen!") zu erleben und von der Klassengemeinschaft als sozial- und lernkompetent wahrgenommen zu werden.

# 4 Methodik und Didaktik des gemeinsamen Unterrichts

Werden Schüler mit und ohne Lernschwierigkeiten gemeinsam unterrichtet, bedarf es keiner grundsätzlich neuen oder anderen Didaktik, wohl aber einer etwas anderen Schwerpunktsetzung.

Um Neugierde und Lernfreude aufrechtzuerhalten oder wieder neu zu wecken, ist es sinnvoll, den Unterricht so aufzubauen, dass er bei den Ressourcen der Schüler ansetzt und an dem, was sie interessiert und was zu ihrer Lebenswelt gehört.

Die eine erfolgreiche Unterrichtsmethode für Schüler mit Lernschwierigkeiten gibt es leider nicht, aber es gibt Möglichkeiten, den Unterricht in Abhängigkeit vom jeweiligen Thema und den Lernzielen so zu gestalten, dass alle Schüler ihrem jeweiligen Vermögen nach optimale Lernfortschritte machen können. Davon wird im folgenden Kapitel die Rede sein.

Dort finden sich auch Hinweise dazu, wie das Arbeitsmaterial (um-)gestaltet werden kann, und welche Möglichkeiten es in verschiedenen Fächern gibt, die Aneignung des Lernstoffs für die Schüler zu erleichtern und den Lernfortschritt so zu dokumentieren, dass er für Schüler und Lehrer nachvollziehbar ist und die Lernmotivation steigert.

## 4.1 Unterrichtsmaterial

**Anforderungen**

Schüler mit Lernschwierigkeiten tun sich mit herkömmlichem Unterrichtsmaterial oft schwer, weil dieses nicht auf ihre besonderen Bedürfnisse abgestimmt ist. Ganz allgemein kann man sagen, dass es sich auf den Verstehens- und Merkprozess günstig auswirkt, wenn das Unterrichtsmaterial Bezug zur Lebenswelt der Schüler hat und zur aktiven Auseinandersetzung mit dem Stoff anregt und nicht nur vorgegebenes Wissen wiedergegeben werden soll. Der Lernstoff kann auf unterschiedliche Weisen unter Einsatz verschiedener Sinne (Sehen, Hören, Greifen) und unterschiedlicher Lernstrategien bearbeitet werden.

**Aufgaben in Bewegung**

So lassen sich z.B. Additionsaufgaben nicht nur mündlich oder schriftlich lösen, man kann sie etwa auch auf der Treppe hüpfen oder mit Kastanien legen (Abb. 13).

1. Nummeriere die Treppenstufen mit den Zahlenkarten.

2. Starte bei der ersten Zahl auf der Aufgabenkarte.
3. Gehe bei **+ Aufgaben** die Zahl der Stufen nach oben.
   Gehe bei **– Aufgaben** die Zahl der Stufen nach unten.
4. Merke dir, wo du rauskommst.
5. Schreibe die Aufgabe mit der Lösung in dein Heft.

**Abb. 13:** Beispielhafte Aufgaben in Bewegung

Durch Aufgaben mit Bewegung wird zudem die Durchblutung angeregt, evtl. vorhandene emotionale Spannungen werden abgebaut und neue Motivation für den nächsten Schritt aufgebaut.

**kleine, wenig komplexe Aufgaben**

Wichtig ist, dass das Unterrichtsmaterial dazu beiträgt, dass vorhandenes Wissen aktiviert und Wissenslücken beseitigt werden. Zu bevorzugen sind kleinere Einheiten mit Aufgaben, deren Komplexitätsgrad reduziert und an die Möglichkeiten des Schülers angepasst ist. Werden komplexe Aufgaben in Teilschritte zerlegt, beugt dies Mutlosigkeit und Frustration vor und vermittelt schnell Erfolgserlebnisse. Schüler mit Lernschwierigkeiten benötigen viel Übung und häufige Wiederholungen. Nicht selten fällt es ihnen schwer, ihre Lerntätigkeit und den Lernweg zu kontrollieren und bei Bedarf zu korrigieren, wenn der Weg nicht zum Erfolg führt. Hier brauchen sie gezielte Hilfestellungen, die schon bei der Vorbereitung des Unterrichts mit eingeplant werden sollten (Abb. 14).

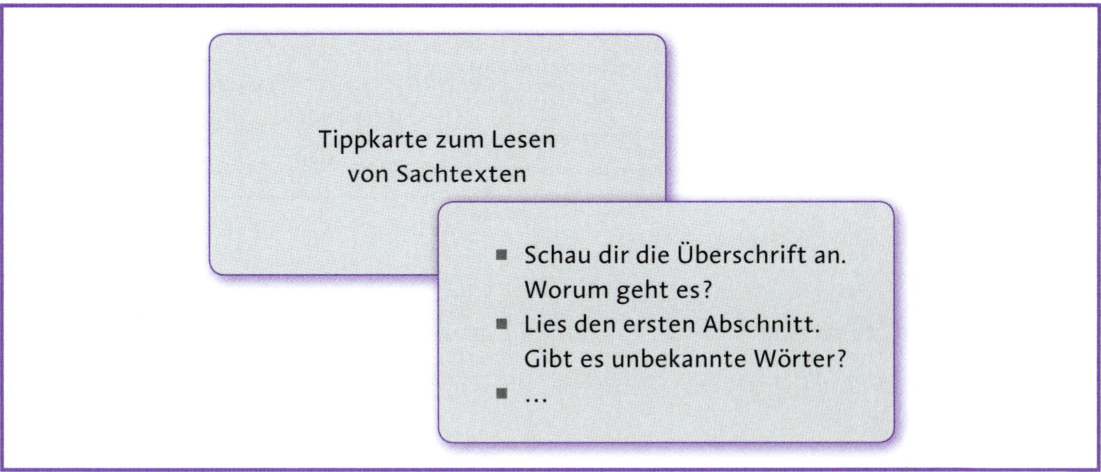


**Abb. 14:** Tippkarten Sachtexte

**Selbstkontrolle**

Bieten die Materialien ein direktes Feedback über richtig und falsch (z. B. durch Selbstkontrollmöglichkeiten auch bei Teilschritten), hilft dies den Schülern bei der Planung ihres weiteren Lernwegs. Dazu muss das Ziel dieses Lernwegs den Schülern klar vor Augen und – wenn möglich – selbst formuliert sein.

In vielen Fällen erweist sich auch der Computer als wertvolles Medium, da er bei vielen Lernprogrammen ein direktes Feedback und Lob bietet und Schülern mit Schreibproblemen bei der Auffindung und Beseitigung ihrer Fehler hilft.

**Gestaltung von Arbeitsblättern**

Arbeitsblätter unterschiedlichster Art werden im Unterricht sehr häufig eingesetzt und eignen sich gut zur Differenzierung.

Dabei kommt es aber auf die Gestaltung an. Grundsätzlich ist es günstig, wenn Arbeitsblätter klar gegliedert sind, übersichtlich, mit möglichst wenig Text und verringerter Aufgabenmenge. Piktogramme oder Bilder unterstützen die Sinnentnahme ebenso wie eine vereinfachte Sprache. Als Schrift sollte eine schnörkellose, gut lesbare Schrift mindestens in Schriftgröße 12 gewählt werden. Der Flattersatz ist gegenüber dem Blocksatz vorzuziehen, da die Wortabstände gleich sind und der Zeilenwechsel leichter zu bewältigen ist (Abb. 15).

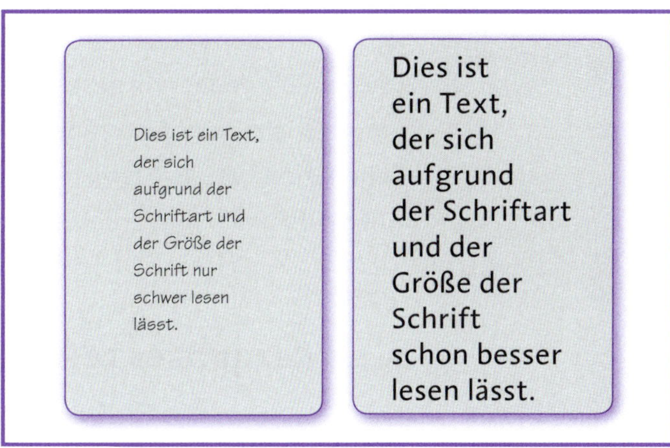


**Abb. 15:** Schriftgröße und Schriftart anpassen!

**leichter Einstieg**

Einfache Aufgaben zu Beginn erleichtern den Einstieg in das Arbeitsblatt, danach kann der Schwierigkeitsgrad gesteigert werden. Die Aufgaben sollten klar strukturiert sein, um das Arbeitsgedächtnis zu entlasten, evtl. mit einzeln vorgegebenen Aufgabenschritten. Um die Orientierung zu erleichtern, können Schlüsselwörter in Texten hervorgehoben werden. Vorgegebene Satzanfänge oder Wortgeländer erleichtern das Beantworten von Fragen in ganzen Sätzen (Abb. 16).

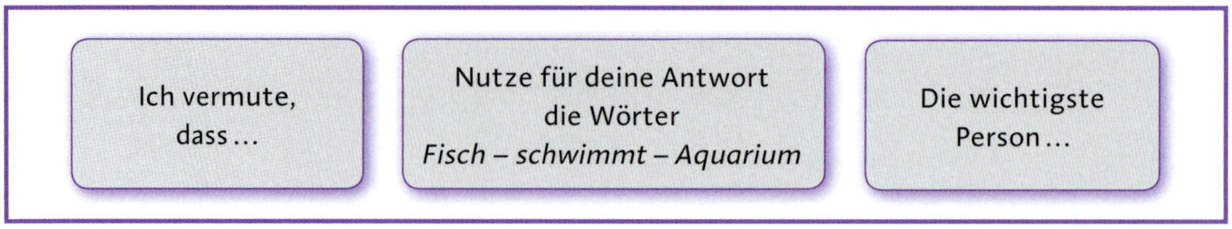

| Ich vermute, dass … | Nutze für deine Antwort die Wörter *Fisch – schwimmt – Aquarium* | Die wichtigste Person … |
|---|---|---|

**Abb. 16:** Satzanfänge und Wortgeländer

Bei Schülern mit zusätzlichen Aufmerksamkeitsproblemen eignen sich Abdeckblätter, um den Blick auf das Wesentliche zu lenken, oder Lesezeichen, die auf wichtige Stellen im Text hinweisen.

Hier einige Empfehlungen zur Gestaltung von Arbeitsblättern:

- klare, übersichtliche Struktur,
- einfache Sprache,
- schnörkellose Schrift,
- Flattersatz und
- Hilfen durch Hervorhebungen, Piktogramme, Bilder und Satzanfänge oder Wortgeländer bei freien Antworten.

## 4.2 Sprache

**Herausforderung Sach- und literarische Texte**

Viele Schüler mit Lernbeeinträchtigungen haben große Probleme im Umgang mit Sach- und literarischen Texten. Selbst wenn Texte ohne große Probleme vorgelesen, also rekodiert werden können, ist dies nicht unbedingt mit einer Sinnentnahme gleichzusetzen. Die im Folgenden vorgestellten Lesestrategien sollen den Schülern helfen, Wichtiges von Unwichtigem zu trennen, Unklarheiten zu erkennen und den Text mit seiner inhaltlichen Aussage als Ganzes zu verstehen. Als eine Möglichkeit zur Wortschatzerweiterung wird am Schluss dieses Abschnitts das Robuste Wortschatztraining vorgestellt.

### 4.2.1 Reziprokes Lesen

**Lesestrategien**

Das Reziproke Lesen ist ein kooperatives Leseverfahren, das ab Klasse 3/4 einsetzbar ist. Die Schüler erarbeiten dabei in kleinen Gruppen von vier Personen gemeinsam einen Text und stellen seine Kernaussagen heraus. Dabei übernimmt jeder eine andere Aufgabe, trägt so Verantwortung für den gemeinsamen Lernprozess. Es entsteht eine echte Teamarbeit, bei der das unterschiedliche Vorwissen der Gruppenmitglieder Synergieeffekte hervorruft.

Zunächst liest jeder Schüler den Text einmal für sich alleine leise durch. Die einzelnen Aufgaben während der Erarbeitungsphase zeigt Abbildung 17.

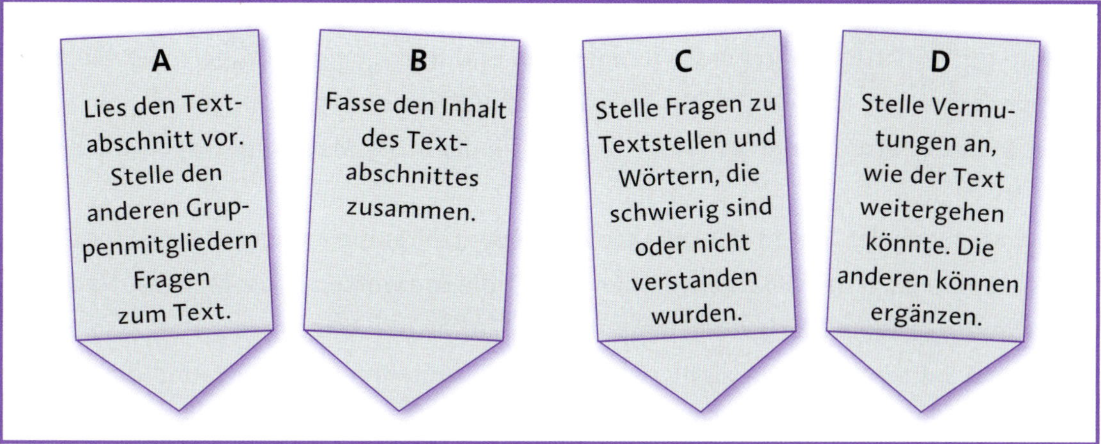


**Abb. 17:** Aufgabenkarten zu den Arbeitsschritten Reziprokes Lesen

Für den nächsten Textabschnitt werden die Rollen getauscht. Zum Klären von Wortbedeutungen und unklaren Textstellen können Wörterbücher und Lexika zur Hilfe genommen oder Experten (Mitschüler, Lehrer) befragt werden, wenn das Erschließen aus dem Kontext nicht gelingt. Wurde der ganze Text auf diese Weise durchgearbeitet, fasst die Gruppe noch einmal zusammen, worum es insgesamt geht. Im Plenum tragen dann alle Gruppen die wichtigsten Informationen zusammen.

**Vorarbeit des Lehrers**

Zu Beginn muss die Lehrkraft geeignete Texte aussuchen und in Abschnitte einteilen. In der Einführungsphase, wenn die Schüler die Methode erlernen, wirkt der Lehrer als Modell für die Strategieanwendung und übernimmt die Aufgaben selbst. Dann werden diese schrittweise an die Schüler abgegeben. Während der Arbeit der Gruppe liegen die Aufgabenkarten offen auf dem Tisch, sodass jederzeit klar ist, wer was zu tun hat.

Das Reziproke Lesen hat sich in vielen Studien als wirksam erwiesen. Es zeigte sich als besonders geeignet für heterogene Lerngruppen und lese- und lernschwache Schüler. Grundlegende Dekodierfähigkeiten sollten aber bereits vorhanden sein.

Einsetzbar ist diese Methode nicht nur im Deutschunterricht, sondern auch in anderen Fächern, in denen Texte gelesen und verstanden werden sollen.

### 4.2.2 Story Mapping

**Förderung Textverständnis**

Auch das Story Mapping ist eine Methode, die zum besseren Textverständnis beitragen kann. Insbesondere Schüler mit Lernbeeinträchtigungen profitieren, da sie am Ende der Lese-Arbeitsphase die wichtigsten Inhalte des Textes übersichtlich gegliedert auf ihrem Arbeitsblatt stehen haben. Das Wichtige ist vom Unwichtigen getrennt, was vielen dieser Schüler ansonsten sehr schwer fällt.

Story Mapping eignet sich sowohl für Sachtexte als auch für literarische Texte, wobei die Map ggf. inhaltlich angepasst werden kann und muss. Beim Einführen der Methode dient der Lehrer als Modell. Der Text wird abschnittweise vorgelesen, jeweils bis zu der Stelle, an der Informationen zu finden sind, die in die Story Map eingetragen werden.

**lautes Denken**

Mit der Methode des lauten Denkens stellt sich der Lehrer die entsprechende Frage (z.B.: „Um wen geht es in der Geschichte?") und trägt die Antworten in die Map ein. Nach und nach werden so die wichtigsten Elemente der Geschichte herausgearbeitet und eingetragen. Bei weiteren Texten zieht sich der Lehrer zunehmend zurück, und die Schüler arbeiten selbstständig (Abb. 18; Abb. 19).

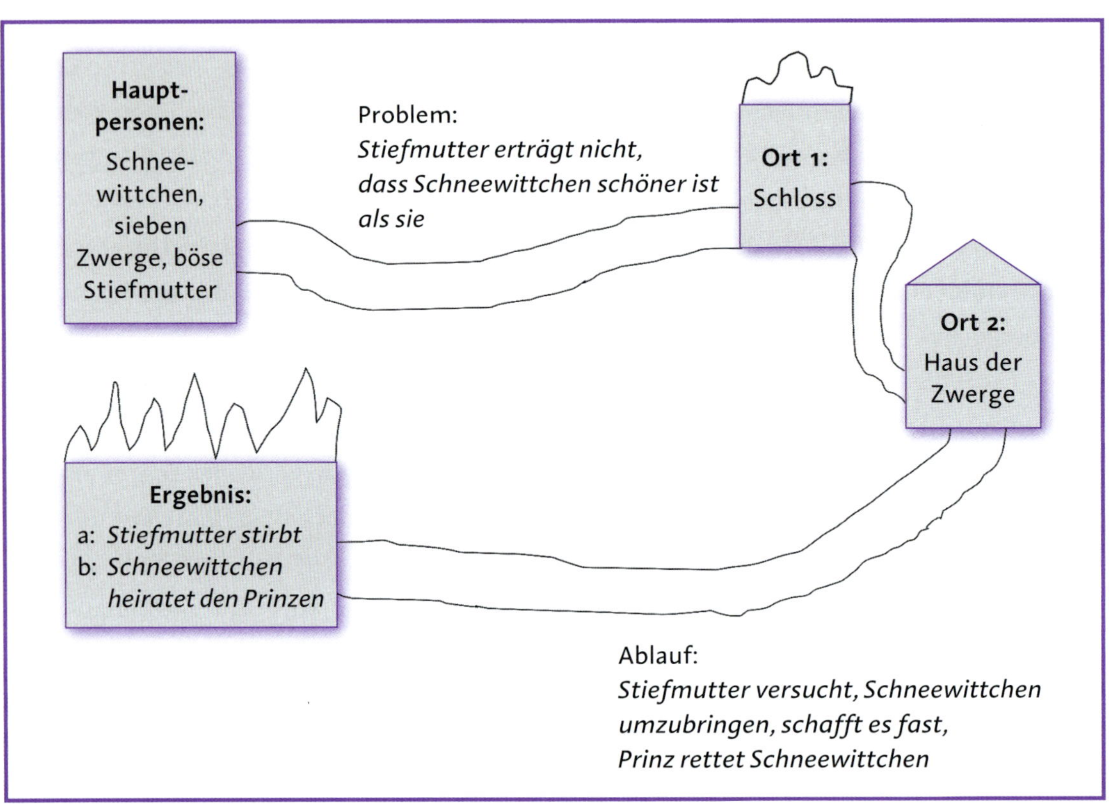


**Abb. 18:** Story Map Schneewittchen

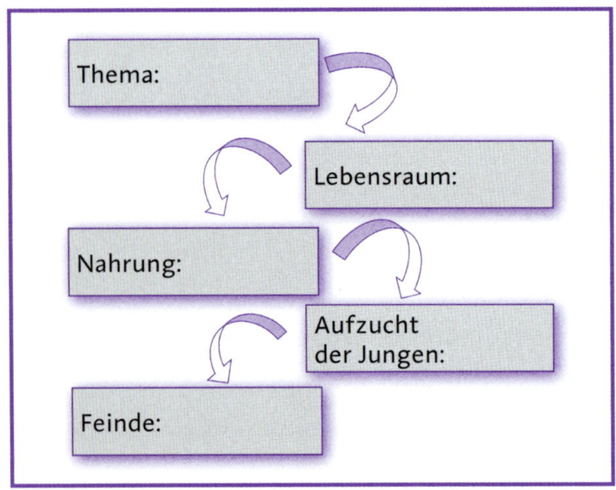


**Abb. 19:** Story Map Sachtext Löwen

Story Maps sind ein guter Ausgangspunkt für Zusammenfassungen und Inhaltsangaben und helfen gerade Schülern mit Lernbeeinträchtigungen bei der Strukturierung ihres Textes und dabei, Wichtiges von Unwichtigem zu trennen und nichts Wesentliches zu vergessen.

Story Maps können aber auch umgekehrt genutzt werden, um einen Erzähltext zu schreiben. Dazu füllt der Schüler zuerst die Story Map aus und nutzt die fertige Vorlage dann, um den eigenen Text zu formulieren.

### 4.2.3 Robustes Wortschatztraining

Für den Schulerfolg ist es notwendig, dass die Schüler über einen möglichst großen Wortschatz in der Bildungssprache verfügen. Der Wortschatzerwerb ist untrennbar mit dem Wissenserwerb verbunden. Dabei ist es einerseits notwendig, den Wortschatz in der Breite auszudehnen (Menge an Wörtern), andererseits auch in der Tiefe (Qualität der Vernetzung). Für den Unterricht reicht es nicht, wenn die Wörter nur im passiven Wortschatz sind. Sie müssen von den Schülern auch aktiv verwendet werden.

**Wortschatz Bildungssprache**

Vor allem Schüler mit Lernbeeinträchtigungen haben häufig einen sehr geringen Wortschatz im Bereich der Bildungssprache. Speziell bei mehrdeutigen Wörtern, Ausdrücken der Wahrscheinlichkeit und Funktionswörtern wie Präpositionen, Konjunktionen und Adverbien treten hier Probleme auf. Dieser notwendige Wortschatz wird nicht beiläufig erworben, sondern muss regelmäßig, systematisch und strukturiert unterrichtet werden.

Eine Methode, um das zu erreichen, ist das Robuste Wortschatztraining. Ziel ist der Aufbau eines gut vernetzten, tief verstandenen Wortschatzes. Da mit dem Robusten Wortschatztraining nur eine begrenzte Anzahl an Wörtern trainiert werden kann, müssen diese gut ausgewählt werden. Sie sollen

**Übungsmöglichkeit**

- nicht die einfachste Art sein, etwas auszudrücken,
- in schriftnahen Kontexten häufig vorkommen, im Alltag eher selten,
- in verschiedenen thematischen Kontexten auftreten und
- abstrakte Konzepte beinhalten.

Beispiele für solche Zielwörter sind: zunehmend, insbesondere, Abstand, außerdem, Zusammenhang, in Bezug auf.

**Zielwörter**

Die erste Begegnung mit einem Zielwort findet eher beiläufig (z.B. in einem Text) statt. Dann wird über mehrere Wochen nach folgendem Schema intensiv trainiert:

1. Wort erklären (auch in seinen Bedeutungsvarianten);
2. Reinrufen: Der Lehrer schreibt das Wort an die Tafel. Dann sagt er einen Satz und fordert die Schüler auf, das Zielwort reinzurufen, wenn es zum Satz passt (z.B. Zielwort „Zusammenhang“: Lehrer: „Wenn Ben lernt, schreibt er eine gute Arbeit.“ Schüler: „Zusammenhang!“);
3. mit dem Wort spielen (z.B. etwas dazu zeichnen, es in Beispielen verwenden, Zuordnungsübungen, Kärtchenspiele);
4. Satzanfänge weiterführen und
5. testartige Aufgaben wie Lückentexte, Zielwörter in eigenen Texten einsetzen.

Das Robuste Wortschatztraining hat sich vor allem bei Kindern mit Lese- und Lernschwächen bewährt und hilft ihnen durch die vertiefte Betrachtung von Wörtern und Ausdrücken auch im Satzzusammenhang, ihre pragmatische Abgrenzung und die Textbezogenheit, diese Wörter oder Wortgruppen in ihren aktiven Wortschatz zu übernehmen.

## 4.3 Rechnen

Im Folgenden werden Informationen und Ratschläge für die Förderung rechenschwacher Schüler überblicksartig zusammengestellt. Für eine genauere Betrachtung der theoretischen Grundlagen der mathematischen Entwicklung und der individuellen Förderung empfiehlt sich ein Blick auf die Literaturliste am Ende des Kapitels.

**Definition Rechenschwäche**

Für den praktischen Kontext Schule ist es in der Regel nicht bedeutsam, wie die Rechenschwäche eines Kindes im Sinne streng wissenschaftlicher Kriterien zu klassifizieren ist.

Simon und Grünke (2010) schlagen deshalb vor, von Rechenschwäche zu sprechen, wenn Schüler in einem standardisierten Test zu den unteren 10 % gehören, adäquat beschult werden sowie keine Sinnesschädigung oder neurologische Erkrankung haben. Intelligenz oder Sprachbegabung spielen dabei keine Rolle.

**Häufigkeit**

Hiervon sind im deutschsprachigen Raum bis zu 6 % der Schüler betroffen, im Verhältnis 2 : 1 Mädchen. (Berücksichtigt man die unteren Kompetenzstufen der PISA- und IGLU-Studien, haben sogar bis zu 20 % der Schüler Rechenschwierigkeiten.) Zusätzlich treten bei diesen Kindern häufig auch Depressionen und Ängste, vor allem starke Ängste vor der Mathematik, auf. Etwa ein Drittel der Kinder zeigt zudem Aufmerksamkeits- und Hyperaktivitätsstörungen.

**negatives Selbstkonzept**

Da Rechenschwierigkeiten bereits zu Beginn der Schullaufbahn offenkundig werden, kann sich bei den betroffenen Kindern frühzeitig ein negatives Selbstkonzept, vor allem im Zusammenhang mit mathematischen Anforderungen, entwickeln. Die Schüler verlieren den Glauben daran, es schaffen zu können. Diese negative Haltung kann sich dann durch die gesamte Schullaufbahn ziehen.

Unabhängig von einer spezifischen Förderung auf Grundlage einer genauen Diagnostik können im Unterricht einige Dinge beachtet werden.

**Hinweise für den Unterricht**

Werner (2009) nennt vier methodisch-didaktische Basisprinzipien (Abb. 20):

1. **Alltagsorientierung** bedeutet, dass jeder mathematische Sachverhalt an eine für den Schüler als bedeutsam erlebte Situation / Aufgabe gebunden ist. Im späteren beruflichen Kontext kann dies bspw. berufsbezogene Mathematik sein.
2. **Entwicklungsorientierung** erfordert im Rahmen diagnostischer und förderplanerischer Arbeit eine genaue Kenntnis mathematischer Entwicklungsstufen. Ziel sind individuelle lern- und entwicklungsfördernde Anreize.
3. Das **operative Üben** (z. B. Einmaleins-Reihen, schriftliche Rechenverfahren, Dreisatz) fokussiert auf die flexible Anwendung und Automatisierung (Direkte Instruktion, Kap. 3.1) in verschiedenen Alltagssituationen.

4 **Offenheit in der Aufgabenstellung** ermöglicht ein selbstständiges Finden mathematischer Probleme in der Alltags- und Erfahrungswelt. Problematisieren ermöglicht dabei zudem unterschiedliche Lösungswege.

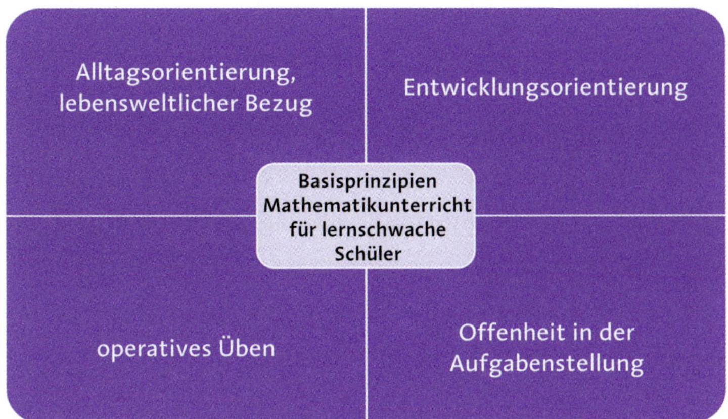


Abb. 20: Basisprinzipien Mathematikunterricht lernschwache Schüler (eigene Darstellung nach Werner 2009)

### FERMI-Aufgaben

Fermi-Aufgaben, benannt nach einem italienischen Physiker, wirken zunächst ganz unspektakulär. Sie haben ihren Ursprung in einem Alltagsproblem oder einer alltagsbezogenen Fragestellung. Gemein ist diesem Aufgabentyp, dass zunächst nicht alle zur Lösung notwendigen Informationen verfügbar sind und häufig auf eine konkrete Fragestellung verzichtet wird. Daher müssen die Schüler eigene Strategien zur Informationsbeschaffung überlegen und nutzen. Ziel ist eine begründete Abschätzung des Ergebnisses. Da die Aufgaben in der Regel weder eine exakte Antwort noch einen einzigen Lösungsweg beinhalten, eignet sich dieser Aufgabentyp gut für offene Unterrichtsformen. Zudem regt der Aufgabentyp zur Versprachlichung mathematischer Sachverhalte an. Anwendbar ist das FERMI-Prinzip auf allen Stufen mathematischer Entwicklung.

**Beispiele:**

- Der Autobauer Ford möchte im Rahmen einer Werbeaktion auf dem Fußballfeld des 1. FC Köln im Rhein-Energie-Stadion möglichst viele Autos des Modells Fiesta parken.
- Eine Klasse plant ein Frühstück und überlegt in der Tutorenstunde, wie viel Geld jeder mitbringen muss.

## 4.4 Lernfortschritte sichtbar machen

Curriculumbasiertes Messen

Das Curriculumbasierte Messen (CBM) ist eine wenig verbreitete Methode zur Lernprozessdiagnostik. Sie wird im deutschsprachigen Raum seit 2006 verstärkt publiziert und hat das Ziel, Lernerfolge oder Misserfolge schon im Lernverlauf sichtbar zu machen. Hierfür werden kleine und schnell durchzuführende Lernzielkontrollen engmaschig eingesetzt. Die Inhalte orientieren sich dabei an den für einen bestimmten Zeitraum vorgesehenen curricularen Standards. Besonders eignet sich die Methode für Inhalte in den Bereichen Mathematik und Deutsch. Ausgearbeitet liegt ein CBM-Konzept für den Bereich Lesekompetenz vor.

individuelle Ziele

Der Grundgedanke ist es, vor Beginn der Unterrichtsreihen oder eines Quartals oder Halbjahres die Kompetenzen aller Schüler durch mehrere Tests festzustellen und daraufhin ein individuelles Ziel (in der Lernfortschrittsdiagnostik Lesen z. B. die Anzahl richtig gelesener Wörter pro Minute; Walter 2014) festzulegen. Im Verlauf der Förderung (des Unterrichts) werden dann die Messungen in festgelegten Zeitabständen (z. B. alle zwei Wochen) wiederholt und mit dem Ausgangsniveau verglichen.

Modifikation

Lernt der Schüler wie gewünscht dazu, kann die Förderung (der Unterricht) wie geplant weitergeführt werden. Kommt es zu einer Stagnation oder gar einer Verschlechterung, muss über zusätzliche Hilfen oder methodische Änderungen nachgedacht werden. Der schnell mit einem Tabellenkalkulationsprogramm visualisierte Lernverlauf kann den Schülern den individuellen Lernzuwachs veranschaulichen.

Selbstwirksamkeitserleben

Dies hat positive Auswirkungen auf ihr Selbstwirksamkeitserleben („Ich kann es schaffen!“) und stärkt die Motivation. Wichtig ist, dass die Lehrkraft ein erreichbares Zielniveau bestimmt! In verständlicher Weise beschreibt Walter (2009) das CBM-Konzept. Die Stärke des Konzeptes liegt darin, dass Lernbeeinträchtigungen dann wahrgenommen werden können, wenn sie entstehen und nicht erst, wenn sie bereits manifest sind. Sie dient Schülern und Lehrern gleichermaßen zur Rückversicherung.

2016 liegen im deutschsprachigen Raum nur wenige vollständig ausgearbeitete Konzepte vor. Es kann jedoch erwartet werden, dass sich dies künftig ändert. Ggf. – und dies bedeutet zunächst einigen Aufwand – können CBM-Konzepte für den eigenen Unterricht (z. B. Mathematik) jedoch auch selbst von Teams erstellt werden.

*Simon, H., Grünke, M. (2010): Förderung bei Rechenschwäche. Kohlhammer, Stuttgart*

*Walter, J. (2014): LDL. Lernfortschrittsmessung Lesen. Ein curriculumbasiertes Verfahren. In: Hasselhorn, M., Schneider, W., Trautwein, U. (Hrsg.) (2014): Lernverlaufsdiagnostik. Hogrefe, Göttingen*

*Walter, J. (2009): Theorie und Praxis Curriculumbasierten Messens (CBM) in Unterricht und Förderung. In: Zeitschrift für Heilpädagogik, 5, 2009, 162–170*

*Werner, B. (2009): Dyskalkulie-Rechenschwierigkeiten. Diagnose und Förderung rechenschwacher Kinder an Grund- und Sonderschulen. Kohlhammer, Stuttgart*

*www.lernfortschrittsdokumentation-mv.de/testuebersicht.php (ggf. nur für Studenten und Mitarbeiter verfügbar, 11.5.2016)*

Memo

## Methodisch-didaktische Interventionen

- Verfügbare Unterrichtsmaterialien und Arbeitsblätter sind für Schüler mit Lernbeeinträchtigungen nicht immer geeignet und müssen ggf. angepasst oder neu erstellt werden. Dabei ist häufig weniger mehr!

- Sinnentnehmendes Lesen und Textverständnis stellt für Schüler mit Lernbeeinträchtigungen eine große Herausforderung dar. Reziprokes Lesen oder Story Mapping sind erprobte Methoden der Förderung.

- Das Robuste Wortschatztraining unterstützt den Aufbau eines bildungssprachlichen Wortschatzes.

- Rechenschwierigkeiten sind häufig manifest und führen zu einem angstbesetzten Umgang mit mathematischen Anforderungen. Fermi-Aufgaben binden rechenschwache Schüler in den Unterricht ein.

- Curriculumbasiertes Messen kann Lernfortschritte, aber auch Stagnation oder Rückschritte frühzeitig sichtbar werden lassen.

# 5 Praxismaterial

Im folgenden Kapitel finden sich für die Fächer Deutsch, Mathematik und Sachunterricht Hinweise und Materialien für die praktische Umsetzung der Unterrichtsprinzipien und Tipps aus den vergangenen Kapiteln.

# 5.1 Deutsch

Schüler mit Lernbeeinträchtigungen kommen mit Texten besser zurecht, wenn diese in vereinfachter Sprache angeboten werden und übersichtlich gegliedert sind. Im Folgenden wird eine solche Vereinfachung für einen Lesetext aufgezeigt.

## 5.1.1 Textbeispiel: Joseph Haydn, Komponist

**Ein Schelm unter den Musikern**

Der Begriff „Schelm" ist unbekannt.

Joseph Haydn war ein sehr berühmter Musiker, der viele Werke für Orchester, Streichquartett und andere Besetzungen komponiert hat.

Der Begriff „Streichquartett" (evtl. auch „Orchester") muss erklärt werden, ebenso das Wort „Besetzung".

Er wurde am 31.3. oder 1.4.1732 (genau weiß man es nicht) in Rohrau in Österreich geboren und starb am 31.5.1809 in Wien. Joseph Haydn war das zweite von zwölf Kindern und zeigte früh eine große musikalische Begabung. Als er acht Jahre alt war, wurde er auf einer Reise vom musikalischen Direktor des Stephansdoms entdeckt und mit nach Wien genommen. Neun Jahre lebte er weit weg von seiner Familie als Chorknabe und lernte Violine, Klavier und Gesang. Hier fing er auch mit dem Komponieren an.

Unbekannt sind hier „musikalischer Direktor" und „Dom".

„Komponieren" müsste erläutert werden.

Bestimmt kennst du die deutsche Nationalhymne. Die Musik dazu hat Joseph Haydn geschrieben, allerdings nicht für uns, sondern für den Geburtstag des damaligen Kaisers Franz II. Der war so gerührt, als er das Stück hörte, dass er zu weinen anfing.

„Nationalhymne" ist evtl. unbekannt.

Schwierig ist hier die römische Zahl.

Die meiste Zeit seines Lebens arbeitete Joseph Haydn für den Fürsten Esterházy. Für ihn dirigierte er weit über 100 Aufführungen im Jahr und komponierte fleißig neue Werke. Den Sommer verbrachte Fürst Esterházy gerne auf dem Land, und die Musiker mussten mit, allerdings ohne ihre Frauen und Kinder. In einem Jahr gefielen diese Ferien dem Fürsten so gut, dass er gar nicht mehr zurück wollte. Die Musiker vermissten aber ihre Familien. Da kam Haydn auf eine tolle Idee: Er komponierte eine Abschiedssinfonie. Bei diesem Werk spielte erst das ganze Orchester, dann löschte ein Musiker nach dem anderen seine Kerze am Pult und verließ den Saal, bis am Schluss nur noch Joseph Haydn, der das Stück dirigierte, und zwei Geiger übrig blieben. Der Fürst verstand diesen Wink und beendete die Ferien. Die Musiker durften zu ihren Familien zurück.

„Dirigieren" müsste geklärt werden.

„Sinfonie" ist wahrscheinlich unbekannt.

Hier ist der Satzbau für Schüler mit Lernbeeinträchtigungen sehr kompliziert und müsste vereinfacht werden.

„Pult" bedarf einer Erläuterung.

Die Redewendung, „einen Wink verstehen", ist evtl. unbekannt.

Haydn selbst war auch verheiratet, allerdings mit einer herrschsüchtigen und streitlustigen Frau. Man munkelt, dass er den folgenden Kanon seiner Frau gewidmet hat: „Ein einzig böses Weib lebt höchstens auf der Welt. Nur schlimm, dass jeder seins für dieses einz'ge hält."

Der Begriff „munkelt" entspricht nicht dem Sprachgebrauch der Schüler.

Hinweis: Um den Text zu verstehen, ist es sinnvoll, ausführlich über die Lebensbedingungen und die Gesellschaftsordnung zur Zeit Haydns zu sprechen. Dann lassen sich Wörter erklären (z. B. Schelm, Pult) und es wird deutlich, welche Stellung zur damaligen Zeit die Fürsten und der Kaiser einnahmen. Da es im 18. Jahrhundert noch keinen Strom in den Häusern gab, lässt sich leicht erklären, warum die Musiker Kerzen nutzten, um die Noten auch bei Dunkelheit lesen zu können.

**Empfehlungen zur Vereinfachung von Texten:**

- Ganz allgemein sind solche Texte für Schüler leichter lesbar und verständlich, die einen Bezug zur Lebenswirklichkeit und Erfahrungswelt der Schüler haben und nicht zu lang sind.
- Der Satzbau sollte möglichst einfach sein, was den weitgehenden Verzicht auf Nebensätze bedeutet.
- Es sollten Wörter verwendet werden, die im Wortschatz der Schüler vorhanden sind.
- Eine größere Schrift (14 Punkt) und die Verwendung von Flattersatz statt Blocksatz erleichtern das Finden der richtigen Zeile und damit den Leseprozess.
- Einzelne Wörter, die Schlüsselwörter, können im Text durch Fettdruck oder Unterstreichen hervorgehoben werden, um die Aufmerksamkeit der Schüler gezielt darauf zu richten.
- Bilder illustrieren den Text und unterstützen das Textverständnis.
- Schwierige grammatische Elemente (z. B. Pronomen, Satzklammern, Attribute, Passivkonstruktionen) sollten geklärt und erläutert oder ersetzt werden.
- Zwischenüberschriften helfen bei der Orientierung.

### Joseph Haydn – ein Musiker mit Humor

Joseph Haydn war ein berühmter Musiker. Er dachte sich viele Stücke für unterschiedliche Musiker-Gruppen aus und schrieb sie auf. Man sagt: Er komponierte.

### Kindheit

Joseph Haydn wurde am 31. 3. 1732 in Rohrau in Österreich geboren. Er starb am 31. 5. 1809 in Wien. Haydn konnte schon als kleiner Junge wunderschön singen. Der Leiter vom Chor der Stephanskirche in Wien hörte Haydn und nahm ihn als Chorsänger mit nach Wien. Dort lernte Haydn auch Geige und Klavier spielen.

### Wichtige Stationen in seinem Leben

Zum Geburtstag von Kaiser Franz schrieb Haydn eine besondere Melodie. Der Kaiser war so gerührt, dass er weinen musste. Heute singen wir auf diese Melodie die deutsche Nationalhymne.

Die meiste Zeit seines Lebens arbeitete Joseph Haydn als Musiker und Komponist für den Fürsten Esterházy. Den Sommer verbrachte der Fürst gerne auf dem Land. Alle Musiker mussten mit. Aber ihre Frauen und Kinder blieben zu Hause. In einem Jahr wollte der Fürst gar nicht mehr zurück. Die Musiker vermissten ihre Familien. Da komponierte Haydn eine Abschieds-Sinfonie. Zuerst spielte das ganze Orchester. Dann machte ein Musiker nach dem anderen seine Kerze am Notenständer aus und ging aus dem Saal. Am Schluss blieben nur noch zwei Geiger übrig. Der Fürst verstand, was Haydn damit sagen wollte. Alle fuhren wieder nach Hause.

**Familie**

Die Frau von Haydn war nicht besonders nett und hat ihn viel geärgert. Über sie hat Haydn diesen Kanon geschrieben: „Ein einzig böses Weib lebt höchstens auf der Welt. Nur schlimm, dass jeder seins für dieses einz'ge hält."

## 5.2 Mathematik

Schüler mit Lernbeeinträchtigungen haben häufig auch in höheren Klassen noch Probleme mit den Basisfertigkeiten des Rechnens. So sind Bündelungsprinzip und Stellenwertsystem nicht verstanden, beim Zehnerübergang werden die Zahlen nicht richtig zerlegt, Rechenvorteile werden nicht genutzt, es existiert keine Mengenvorstellung und damit keine Erfassung des Zahlenraums, auch einfache Kopfrechenaufgaben werden durch Abzählen gelöst, Rückwärtszählen und Weiterzählen von einer beliebigen Zahl aus fallen schwer. Die folgenden Übungen können hier hilfreich sein.

### 5.2.1 Rechenübungen

**Bündelung**

1 Nimm die Stäbchen aus der Kiste. Fasse jeweils 10 Stäbchen mit einem Gummiband zusammen. Wie viele Bündel sind es?

2 Fasse jeweils 10 Stäbchen zu einem Bündel zusammen. Wie viele Bündel und wie viele einzelne Stäbchen sind es (Abb. 21)?

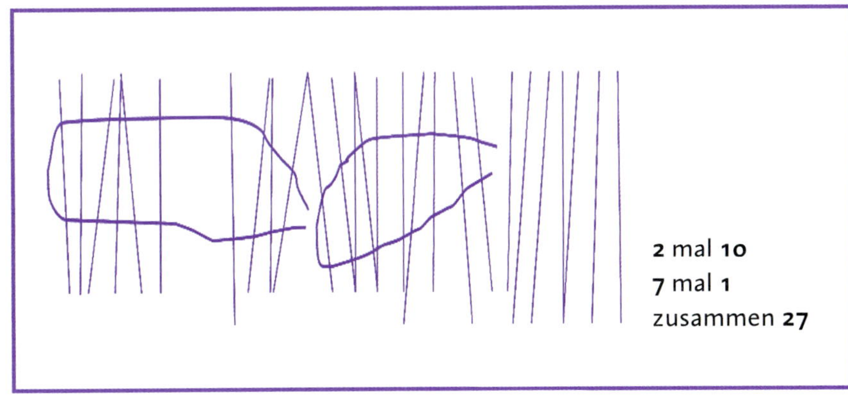


**Abb. 21:** Bündelung bei Rechenanforderungen

$$72 = 7 \times 10 + 2 \times 1$$
$$42 = \square \times 10 + \square \times 1$$

Die Schüler lösen die Aufgabe zunächst handelnd mit realen Stäbchen. Danach erhalten sie Arbeitsblätter mit bildlichen Darstellungen des Vorgangs, und zuletzt lösen sie die symbolisch dargestellten Aufgaben.

### Weiterzählen – Rückwärtszählen

Die Schüler üben das Zählen vorwärts und rückwärts, um die Reihenfolge der Zahlwörter zu festigen (Abb. 22).

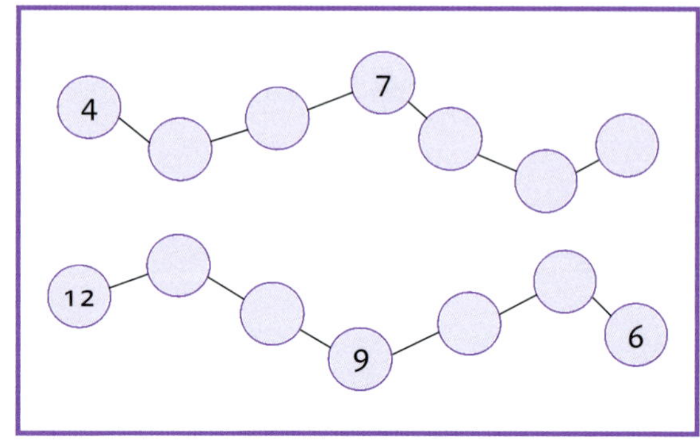


**Abb. 22:** Beispiel Weiter- und Rückwärtszählen

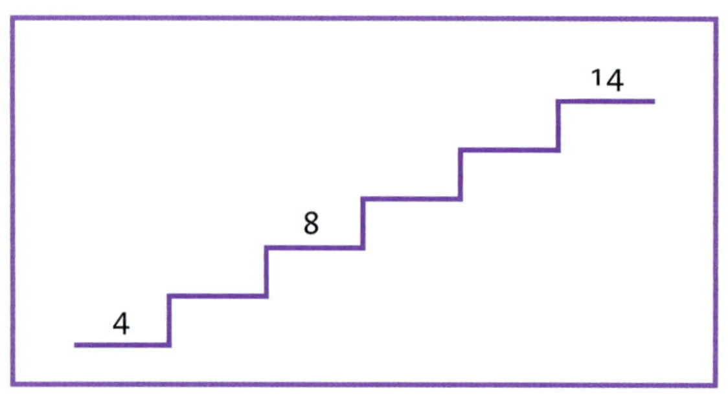


**Abb. 23:** Zählen in Zweierschritten

### Zählen in Zweierschritten

Die Schüler üben das Zählen in Zweierschritten (Abb. 23).

### Zahlzerlegung am Beispiel der verliebten Herzen

Die Schüler üben das Zerlegen von Zahlen (Abb. 24).

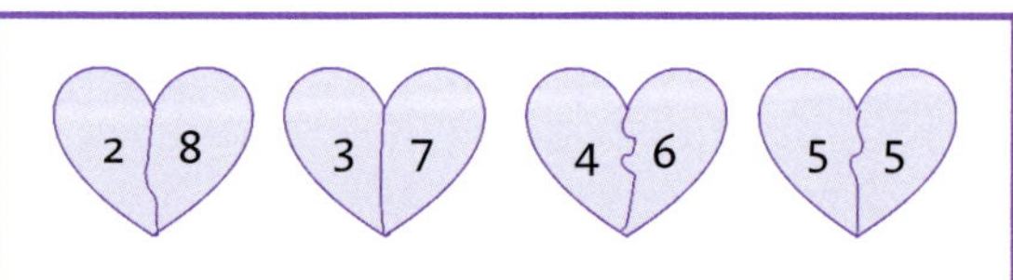


**Abb. 24:** Verliebte Herzen

### Nutzung von Rechenvorteilen

Wenn du zwei Zahlen addieren sollst, nimm zuerst die größere Zahl und rechne die kleinere dazu:

| | | |
|---|---|---|
| 2 + 9 = | einfacher: | 9 + 2 = |
| 1 + 7 = | einfacher: | □ + □ = |

## 5.2.2 Textaufgaben

Textaufgaben stellen für Schüler mit Lernbeeinträchtigungen eine besondere Herausforderung dar. Selbst wenn sie die geforderte Rechenoperation an sich durchführen können, fällt es ihnen oft schwer, den Text zu verstehen und aus ihm ableiten zu können, was sie eigentlich tun sollen. Wenn schon die Bedeutung der Wörter oder Sätze nicht klar ist, können rechnerische Operationen nicht stattfinden.

Wie im Deutschunterricht sollte also auch bei Textaufgaben die Sprache vereinfacht werden. Kurze, einfache Sätze mit bekannten Wörtern sind genauso hilfreich wie Visualisierungen.

**Beispiel**

Luise und Mehmet haben eine Umfrage zum Mensa-Essen in der Klasse gemacht. Insgesamt 12 Schüler möchten gerne Pizza, 7 lieber Nudeln, 3 stimmen für Salat und für Pizza. Mit wie vielen Schülern haben die beiden gesprochen (Abb. 25)?

Abb. 25: Umfrage Mensaessen

So kann der Schüler vorgehen:

1 Kläre schwierige Begriffe (z.B. „insgesamt").
2 Ordne die Bilder der Gerichte so zu, wie es im Text beschrieben ist.
3 Lies das Ergebnis ab.

Ein Lösungsalgorithmus, also eine festgelegte Schrittfolge, die zur erfolgreichen Bearbeitung der Aufgabe führt, hält die Schüler dazu an, genau zu lesen und Wichtiges von Unwichtigem zu trennen.

**Beispiel**

Malika braucht für ein Experiment noch einen Elektromotor für 3,95 €, 2 Kabel, von denen jedes 0,50 € kostet, 7 Birnchen für je 0,20 € und eine Klemme für 0,10 €. Sie telefoniert 5 Mal mit dem Ladenbesitzer, um alles zu bestellen.

So kann der Schüler vorgehen:

1 Was sollst du herausfinden?
2 Welche Zahlen sind wichtig? Kreise sie ein.
3 Gibt es Zahlen, die für die Rechnung nicht notwendig sind? Streiche sie durch.
4 Sollst du etwas addieren (+), subtrahieren (–), multiplizieren (×) oder dividieren (:)?
5 Gibt es Teilrechnungen, die du zuerst rechnen musst?
6 Jetzt rechne.

**Fachsprache**

Fachbegriffe wie „Addieren" oder „Subtrahieren" müssen gut eingeführt und immer wieder trainiert werden, da Schüler mit Lernbeeinträchtigungen häufig die Wortbedeutung vergessen. Auch „Wenn-dann"-Sätze müssen gut erarbeitet werden, um von den Schülern verstanden zu werden. Auch hierbei helfen Skizzen (z.B. mit Pfeilen) weiter.

## 5.3 Sachunterricht

Der Sachunterricht – und hier insbesondere die Naturwissenschaften – bietet besonders gute Möglichkeiten des gemeinsamen Unterrichts für Schüler mit und ohne Lernbeeinträchtigungen, da er vielfältige Möglichkeiten für echte Gruppenarbeit und Differenzierungen bietet.

Auf den folgenden Seiten werden zum einen Concept Cartoons, zum anderen das Experimentieren als eine Möglichkeit echter Teamarbeit und das Anlegen eines Glossars als Methode vorgestellt, um den Fachwortschatz zu erweitern.

### 5.3.1 Concept Cartoons

Concept Cartoons wurden erstmals 1993 von Brenda Keogh und Stuart Naylor in England veröffentlicht und von da an ständig weiterentwickelt. Im Zentrum des Cartoons steht ein naturwissenschaftliches Phänomen. Einige Protagonisten äußern in Sprechblasen ihre Erklärung dafür, eine weitere Sprechblase bleibt evtl. leer. Die Äußerungen, von denen eine richtig ist, sind so formuliert, dass sie zu Diskussionen herausfordern. Die Schüler können nun entweder eine der Thesen der Protagonisten oder ihre eigene These (leere Blase) mit Argumenten stützen. In der weiteren Diskussion müssen die Schüler auch auf die Argumente ihres Gegenübers eingehen, sie stützen oder widerlegen. Da die Schüler über unterschiedliche Erfahrungshorizonte verfügen, ist so eine mehrperspektivische Betrachtung des Phänomens möglich. Unsichere Schüler können sich hinter der Meinung eines Protagonisten „verstecken" und verlieren so eher die Scheu, sich zu äußern (Abb. 26).

**Abb. 26:** Beispiel Concept Cartoon

Schülern mit Lernbeeinträchtigungen kommt diese Form entgegen, da die Cartoons sehr wenig Text in schülergerechter Sprache beinhalten. Zudem können sich die Schüler zunächst auf bereits vorhandene Argumente stützen und diese mit den eigenen Erfahrungen vergleichen.

Im Idealfall erwächst aus der Diskussion über das Phänomen und die verschiedenen Äußerungen die Idee zu einem Experiment, mit dem die Schüler die aufgestellten Thesen überprüfen können.

In verschiedenen Studien zeigte sich, dass Concept Cartoons sehr motivierend für Schüler aller Leistungsstufen sind und sowohl die Sprechfreude anregen als auch die Fähigkeit, in Diskussionen aufeinander einzugehen, gezielte Fragen zu den Argumenten des Gegenübers zu stellen und die eigenen Argumente zu vertreten.

## 5.3.2 Experimentieren

Experimente in der Schule werden zwar keine wissenschaftlich bahnbrechenden Ergebnisse erzielen, bieten den Schülern aber eine wichtige Möglichkeit, wissenschaftliches Arbeiten kennenzulernen. Dafür ist es notwendig, dass Experimente mehr sind als kochrezeptartiges Abarbeiten einer Anleitung. Die Schüler sollen darüber nachdenken, welchen Weg sie gehen können, um eine Antwort auf ihre Frage zu bekommen, und welches Ergebnis sie erwarten (Aufstellen von Hypothesen). Dazu müssen sie in einer Gruppe kooperieren und kommunizieren. Eine heterogene Gruppe ist hierbei von Vorteil, da so eher unterschiedliche Ideen zum Tragen kommen. Das gemeinsame Ergebnis steigert dann auch das Selbstwertgefühl bei unsicheren Schülern.

Experimente motivieren und fordern heraus. Am Beginn stehen Fragen, die verwirren, verwundern oder erstaunen. Ein altes Phänomen, etwas, das die Schüler kennen, wird unter einem neuen Gesichtspunkt betrachtet. Um einen Lösungsweg zu finden, sind dann Kreativität und Fantasie gefragt.

Werden bei der Gruppenarbeit unterschiedliche Aufgaben verteilt, wird nochmals deutlich, dass jeder auf den anderen angewiesen ist, um gemeinsam zu einem Ergebnis zu kommen. Solche Aufgaben könnten sein:

1. Vorleser,
2. Laborant (holt das Material, säubert es und stellt es wieder weg, darf mit dem Experiment beginnen),
3. Protokollant (schreibt die Beobachtungen und Ergebnisse auf),
4. Regelhüter (passt auf, dass sich alle beteiligen und niemand gegen die Regeln verstößt).

Durch diese Aufgabenverteilung sind auch lernbeeinträchtigte Schüler vollwertige Gruppenmitglieder und tragen zum gemeinsamen Ergebnis bei.

### 5.3.3 Anlegen eines Glossars

Im Fachunterricht müssen eine Menge neuer Begriffe gelernt oder bekannte Wörter mit neuer Bedeutung versehen werden, was vor allem Schülern mit Lernbeeinträchtigung schwer fällt. Um immer wieder Begriffe, ihre Bedeutung und ihren Gebrauch im Satz nachschauen zu können, hat sich das Anlegen eines Glossars bewährt. Für ein aktuelles Experiment oder ein Thema kann z. B. ein Plakat mit den benötigten Materialien beklebt und diese dann beschriftet werden.

Langfristiger angelegt ist ein Glossar auf Karteikarten. Wenn möglich wird zu Nomen immer ein passendes Bild gegeben. Dann wird das Wort mit Artikel vorgestellt, ebenso die Mehrzahl. Zuletzt wird das Wort in einen Satzzusammenhang gestellt. Bei Verben und Adjektiven wird ähnlich verfahren (Abb. 27).

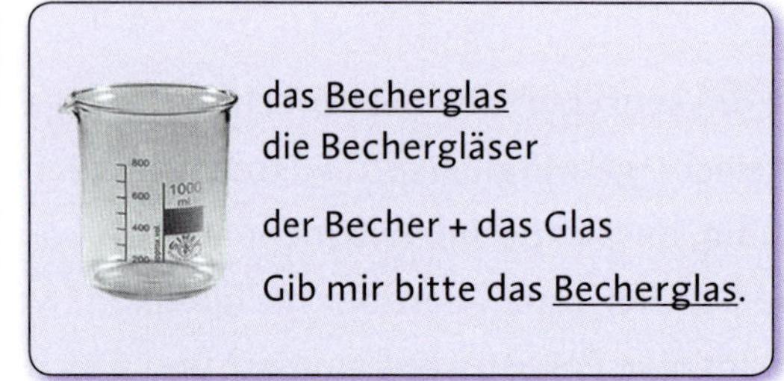


leuchten

Die Glühbirne leuchtet hell.

Ich leuchte mit der Taschenlampe ins Dunkle.

weitere Wörter: anleuchten, beleuchten

**Abb. 27:** Beispielhafte Erstellung eines Glossars

# Literatur


Archer, A. L., Hughes, Ch. A. (2011): Explicit instruction. Effective and efficient training. The Guilford Press. New York / London

Brüning, L., Saum, T. (2009): Erfolgreich unterrichten durch Kooperatives Lernen. Strategien zur Schüleraktivierung. Band 1. NDS, Essen

Büttner, G., Mähler, M. (2014): Förderung von Gedächtnisprozessen (Gedächtnistraining). In: Lauth, G. W., Grünke, M., Brunstein, J. C. (Hrsg.) (2014): Interventionen bei Lernstörungen. Förderung, Training und Therapie in der Praxis. Hogrefe, Göttingen, 299–309

Evertson, C. M., Weinstein, C. S. (Eds.) (2006): Handbook of Classroom Management. Research, Practice, and Contemporary Issues. Lawrence Erlbaum, Mahwah, NJ

Fleckenstein, J., Jankhun, S., Meiering, S., Scholz, H. (2015): Diagnostischer Leitfaden zur Feststellung des sonderpädagogischen Unterstützungsbedarfs. Schulz-Kirchner, Idstein

Grünke, M., Grosche, M. (2014): Lernbehinderung. In: Lauth, G. W., Grünke, M., Brunstein, J. C. (Hrsg.) (2014): Interventionen bei Lernstörungen: Förderung, Training und Therapie in der Praxis. Hogrefe, Göttingen, 367–383

Hattie, J. (2013): Lernen sichtbar machen. Schneider Hohengehren, Baltmannsweiler

Helmke, A. (2015): Unterrichtsqualität und Lehrerprofessionalität. Diagnose, Evaluation und Verbesserung des Unterrichts. Klett, Kallmeyer, Seelze-Velber

Kounin, J. S. (2006): Techniken der Klassenführung. In: Rost, D. H. (Hrsg.) (2006): Standardwerke aus Psychologie und Pädagogik. Reprint 2006. Waxmann, Münster

Lauth, G. W., Brack, U. B. (2014): Komplexität reduzieren und kontinuierliche Fortschritte ermöglichen. In: Lauth, G. W., Grünke, M., Brunstein, J. C. (Hrsg.) (2014), 407–417

Lauth, G. W., Brunstein, J. C. (2014): Wirkfaktoren beim Lernen. In: Lauth G. W., Grünke, M., Brunstein, J. C. (Hrsg.) (2014), 367–383

Lauth, G. W., Grünke, M., Brunstein, J. C. (2014): Vermittlung von Lernstrategien und selbstreguliertem Lernen. In: Lauth, G. W., Grünke, M., Brunstein, J. C. (Hrsg.) (2014), 262–276

Lauth, G. W., Grünke, M., Brunstein, J. C. (Hrsg.) (2014): Interventionen bei Lernstörungen. Förderung, Training und Therapie in der Praxis. 2., überarbeitete und erweiterte Auflage. Hogrefe, Göttingen

Lebens, M., Lauth, G. W. (2014): Direkte Instruktion. In: Lauth, G. W., Grünke, M., Brunstein, J. C. (Hrsg.) (2014), 418–428

Naumann, K., Lauth, G. (2007): Unterrichtsintegrierte Förderung von Aufmerksamkeit. In: Walter, J., Wember, F. B. (Hrsg.) (2007): Sonderpädagogik des Lernens. Hogrefe, Göttingen

Simon, H., Grünke, M. (2010): Förderung bei Rechenschwäche. Kohlhammer, Stuttgart

Sweller, J. (2005): Implications of cognitive load theory for multimedia learning. In: R. E. Mayer (Hrsg.): The Cambridge Handbook of Multimedia Learning, Cambridge University Press, New York, 19–33

Sweller, J. (1988): Cognitive load during problem solving: Effects on learning. Cognitive Science, 12, 257–285

Walter, J. (2014): LDL. Lernfortschrittsmessung Lesen. Ein curriculumbasiertes Verfahren. In: Hasselhorn, M., Schneider, W., Trautwein, U. (Hrsg.) (2014): Lernverlaufsdiagnostik. Hogrefe, Göttingen

Walter, J. (2009): Theorie und Praxis Curriculumbasierten Messens (CBM) in Unterricht und Förderung. In: Zeitschrift für Heilpädagogik, 5, 2009, 162–170

Wember, F. B. (2013): Herausforderung Inklusion: Ein präventiv orientiertes Modell schulischen Lernens und vier zentrale Bedingungen inklusiver Unterrichtsentwicklung. In: Zeitschrift für Heilpädagogik, 10, 2013, 380–388

Werner, B. (2009): Dyskalkulie-Rechenschwierigkeiten. Diagnose und Förderung rechenschwacher Kinder an Grund- und Sonderschulen. Kohlhammer, Stuttgart

Wocken, H. (1988): Kooperation von Pädagogen in integrativen Grundschulen. In: Wocken, H., Antor, G., Hinz, A. (Hrsg.) (2008): Integrationsklassen in Hamburger Grundschulen. Bilanz eines Modellversuches. Curio, Hamburg, 199–274


## Online-Quellen


https://alexanderlasch.wordpress.com/2013/02/03/leichte-sprache-10-gestaltungshinweise, 11.5.2016

bildungsserver.berlin-brandenburg.de/index.php?id=rezi prokes_lesen, 11.5.2016

www.lernfortschrittsdokumentation-mv.de/testuebersicht.php, 11.5.2016

www.methodenpool.uni-koeln.de, 11.5.2016 (Experiment)

www.millgatehouse.co.uk, 11.5.2016 (Concept Cartoons)

www.nifdi.org, 10.5.2016

# Sachregister

# Hören inklusive

Tilly Truckenbrodt / Annette Leonhardt
**Schüler mit Hörschädigung im inklusiven Unterricht**
Praxistipps für Lehrkräfte
2., durchgesehene Auflage 2016.
78 Seiten. 29 Abb. 3 Tab. DIN A4. Innenteil vierfarbig.
(978-3-497-02613-5) kt

Wie kann Inklusion von SchülerInnen mit Hörschädigung an der Regelschule gelingen?

Lehrkräfte fühlen sich mit dieser Aufgabe häufig überfordert und alleine gelassen. Genau dort setzen die Autorinnen an. Neben grundlegenden Informationen über Hörschädigungen und ihre Auswirkungen wird die Zusammenarbeit von Lehrkräften der allgemeinen Schule mit Hörgeschädigtenpädagogen dargestellt. Konkrete Tipps für die Gestaltung eines inklusiven Unterrichts sowie Praxisbeispiele und Arbeitshilfen erleichtern die Unterrichtsplanung.

Zentral und hilfreich sind die vielen praktischen Hinweise, z. B. zu Lehrersprache und Kommunikation im Unterricht, Visualisierung und Differenzierung, akustischen Bedingungen im Klassenzimmer, technischen Hilfsmitteln etc.

## Pressestimmen

Die Handreichung für Lehrkräfte allgemeiner Schulen, die einen oder mehrere Schüler mit Hörschädigung inklusiv unterrichten, bietet zunächst grundlegende Informationen zu den Themen Hörschädigung, Hörsysteme und Auswirkungen der Hörschädigung. Sie informiert weiter über die Beratung durch den mobilen Dienst, der eine sonderpädagogische Fachkraft der nächstgelegenen Förderschule für Hörgeschädigte zur Unterstützung entsendet. Didaktische Empfehlungen für den gemeinsamen Unterricht für hörende und hörgeschädigte Schüler sowie Praxisbeispiel und Arbeitshilfen zur Erleichterung des Unterrichts schließen die Arbeitshilfe ab. Für Lehrkräfte, die Schüler mit Hörschädigung inklusiv unterrichten, grundlegend und hilfreich. Für ausgebaute Fachbestände.

Inge Müller-Boysen für *ekz bibliotheksservice GmbH*
21.09.2015.

# Gemeinsam unterrichten

Daniel Mays
**Wir sind ein Team!**
Multiprofessionelle Kooperation in der inklusiven Schule
2016. 142 Seiten. 13 Abb.
(978-3-497-02597-8) kt

Damit inklusiver Unterricht gelingt, müssen RegelschullehrerInnen, FörderpädagogInnen, Integrationskräfte und evtl. weitere pädagogische Fachkräfte zusammenarbeiten. Diese Situation ist neu. Wie sie gut gemeistert werden kann und was man dafür wissen muss, zeigt dieses Buch. LehrerInnen und PädagogInnen erfahren, wie Teamarbeit entwickelt und gestaltet werden kann, damit der inklusive Unterricht gelingt. Sie erhalten Strategien für eine gute Kommunikation und Abstimmung untereinander, mit SchülerInnen und Eltern.

50 Praxistipps helfen beim Start eines multi-professionellen Teams, bei der Verteilung der Aufgaben im und außerhalb des Unterrichts und bei der Gestaltung des Unterrichts selbst. Damit Teamarbeit in der inklusiven Schule funktioniert und Freude macht!

## Pressestimmen

Ohne Umschweife wird beschrieben, wie Lehrkräfte, Förderpädagogen und Integrationskräfte ihre spezifischen Fähigkeiten und Aufgaben in eine gemeinsame Perspektive einbringen, dabei mit Konflikten umgehen, die strukturellen und rechtlichen Rahmenbedingungen bedenken und in fünf Phasen zum Team werden können.
Beeindruckend praxisnahe Anregungen.

Dr. Jörg Schlömerkemper
für **ekz.bibliotheksservice GmbH**
2015

# Sprach-Check 2. Klasse

Kathrin Mahlau
**Screening grammatischer Fähigkeiten für die 2. Klasse (SGF 2)**
Manual
Mit vier Auswertungsblättern als Kopiervorlagen und zwei Auswertungsfolien. Mit einem Prozentrangrechner und einem Zusatzkapitel als Online-Material.
2016. 25 Seiten. 16 Tab.
(978-3-497-02586-2) geh

Wie ein Kind lernt und sich in sein soziales Umfeld integriert, hängt stark mit seinen sprachlichen Fähigkeiten zusammen. Gerade in inklusiven Klassen ist wichtig, dass im Grundschulalter das sprachliche Können festgestellt wird.

Mit diesem normierten Sprachentwicklungsscreening werden grammatische Leistungen der Kinder einer 2. Klasse innerhalb einer Schulstunde durch die Lehrkraft erhoben. Es wird festgestellt, ob Kinder beim Bestimmen von Artikeln und Pluralformen, beim Einsetzen der Akkusativ- und der Dativform sowie in der Subjekt-Verb-Kongruenz altersgerechte Fähigkeiten zeigen. Lehrkräfte gewinnen einen Überblick über die Grammatikfähigkeiten der Kinder in ihrer Klasse und können darauf aufbauend weitere Maßnahmen planen.

## Inhalt

# Gute Bildung für alle

Karin Terfloth / Sören Bauersfeld
**Schüler mit geistiger Behinderung unterrichten**
Didaktik für Förder- und Regelschule
2., überarb. Auflage 2015.
270 Seiten. 22 Abb. 31 Tab.
utb-M (978-3-8252-4359-3) kt

Unterrichtsplanung gehört zum Kerngeschäft aller LehrerInnen in Sonder- und Regelschulen. Am Beispiel eines Unterrichtsprojekts wird die Didaktik in Lerngruppen mit SchülerInnen mit geistiger Behinderung dargestellt: Auswahl von Inhalten, Zielformulierung, Methoden, Kommunikation im und Analyse von Unterricht.

Die 2. Auflage wurde durchgängig überarbeitet und auf den aktuellen Stand gebracht.

## Inhalt

- **1 Unterricht planen**
  - 1.1 Zur Notwendigkeit von Unterrichtsplanung
  - 1.2 Unterrichtsplanung als zielorientierter Prozess
  - 1.2.1 Zielrichtungen des Unterrichts
  - 1.2.2 Unterrichtsplanung kritisch-konstruktiv
  - 1.2.3 Planungsraster
  - 1.2.4 Zeitliche Planungsebenen
- **2 Spannungsfeld: Bildung und (schwere) geistige Behinderung**
  - 2.1 Internationale Sicht auf Behinderung (ICF)
  - 2.2 Spezielle oder allgemeine Didaktik?
  - 2.2.1 Von der ‚Anstalt für Schwachsinnige' zum ‚Förderschwerpunkt geistige Entwicklung'

  (...)
- **3 Bildungsinhalte begründen und elementarisieren**

  (...)
- **4 Aneignungsmöglichkeiten und Lernvoraussetzungen einschätzen**

  (...)
- **5 Differenzierte Lernchancen formulieren**

  (...)
- **6 Methodische Entscheidungen treffen**

  (...)
- **7 Im Unterricht kommunizieren und kooperieren**

  (...)
- **8 Unterricht analysieren und bewerten**

www.reinhardt-verlag.de